AF258596

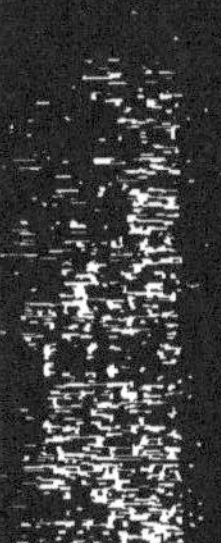

DÉMOSTHÈNE.

LES TROIS

OLYNTHIENNES,

GREC-FRANÇAIS EN REGARD.

TRADUCTION D'AUGER,

REVUE ET CORRIGÉE.

PARIS.

IMPRIMERIE ET LIBRAIRIE CLASSIQUES

DE JULES DELALAIN ET Cie,

FILS ET SUCCESSEURS D'AUGUSTE DELALAIN,

RUE DES MATHURINS-SAINT-JACQUES, Nº 5.

M DCCC XLII.

DÉMOSTHÈNE.

OLYNTHIENNES.

GREC-FRANÇAIS.

ΔΗΜΟΣΘΕΝΟΥΣ

ΟΛΥΝΘΙΑΚΟΣ

ΛΟΓΟΣ ΠΡΩΤΟΣ.

SOMMAIRE. — Les Olynthiens avaient eu de fréquents démê-
lés avec Athènes, quoique leur ville eût été fondée par une
colonie athénienne, venue de Chalcis en Eubée. Peu de
temps après l'avénement de Philippe au trône, ils s'étaient
ligués avec lui contre cette république; mais s'apercevant
que ce prince, dont la puissance devenait chaque jour de
plus en plus formidable, ne leur avait d'abord tant promis
et tant accordé [1] que pour gagner du temps, et les attaquer
plus sûrement eux-mêmes, quand il serait devenu maître
des autres villes principales de la Thrace, ils avaient entamé

EXORDE PAR INSINUATION. *L'orateur réclame*

Ἀντὶ πολλῶν ἂν, ὦ ἄνδρες Ἀθηναῖοι, χρημάτων
ὑμᾶς ἑλέσθαι νομίζω, εἰ φανερὸν γένοιτο τὸ μέλλον
συνοίσειν τῇ πόλει περὶ ὧν νυνὶ σκοπεῖτε. Ὅτι τοίνυν
τοῦθ᾽ οὕτως ἔχει, προσήκει προθύμως ἐθέλειν ἀκούειν
τῶν βουλομένων συμβουλεύειν. Οὐ γὰρ μόνον, εἴ τι
χρήσιμον ἐσκεμμένος ἥκοι τις, τοῦτο ἂν ἀκούσαντες
λάβοιτε· ἀλλὰ καὶ τῆς ὑμετέρας τύχης ὑπολαμβάνω,
πολλὰ τῶν δεόντων ἐκ τοῦ παραχρῆμα ἐνίοις ἂν
ἐπελθεῖν εἰπεῖν, ὥστ᾽ ἐξ ἁπάντων ῥαδίαν τὴν τοῦ
συμφέροντος ὑμῖν αἵρεσιν γενέσθαι.

1. Il leur avait cédé Antémonthe et Potidée, pour se les
attacher.

PREMIÈRE

OLYNTHIENNE

DE DÉMOSTHÈNE.

avec la métropole des négociations. Philippe n'en eut pas été plutôt instruit, qu'il vint former le siége de leur ville, en les accusant d'avoir rompu les premiers l'alliance qui les unissait à lui. Leurs ambassadeurs furent donc obligés de demander aux Athéniens l'envoi de prompts secours, qui les missent en état de résister à un si puissant ennemi. Démosthène, dans ce discours, appuie leur demande, et conseille à ses concitoyens de ne point laisser échapper une si belle occasion de s'opposer aux envahissements de Philippe, et de se venger de ses injustices et de ses déprédations.

l'indulgence et l'attention de ses auditeurs.

Je crois, Athéniens, que, dans l'objet actuel de votre délibération, vous préféreriez à tous les trésors du monde l'avantage d'être éclairés sur les vrais intérêts de la république. Vous devez donc écouter volontiers ceux qui se disposent à vous donner des conseils. Car, outre que vous pouvez profiter des avis sages qu'a médités un orateur avant de paraître à la tribune, vous êtes encore assez heureux pour qu'il vienne sur-le-champ à quelques-uns de vos ministres des réflexions utiles; et la réunion de ces lumières vous met facilement en état de choisir le meilleur parti.

EXPOSITION. *L'occasion présente demande l'envoi de lieux aux intérêts de la république,*

Ὁ μὲν οὖν παρὼν καιρὸς, ὦ ἄνδρες Ἀθηναῖοι, μονονουχὶ λέγει, φωνὴν ἀφιεὶς, ὅτι τῶν πραγμάτων
ὑμῖν ἐκείνων αὐτοῖς ἀντιληπτέον ἐστὶν, εἴπερ ὑπὲρ
σωτηρίας αὐτῶν φροντίζετε. Ἡμεῖς δ' οὐκ οἶδ' ὅντινά
μοι δοκοῦμεν ἔχειν τρόπον πρὸς αὐτά. Ἔστι δὴ τά γ'
ἐμοὶ δοκοῦντα, ψηφίσασθαι μὲν ἤδη τὴν βοήθειαν,
καὶ παρασκευάσασθαι τὴν ταχίστην, ὅπως ἐνθένδε
βοηθήσητε, καὶ μὴ πάθητε ταὐτὸν ὅπερ καὶ πρότερον [1] · πρεσβείαν δὲ πέμπειν ἥτις ταῦτ' ἐρεῖ καὶ
παρέσται τοῖς πράγμασιν · ὡς ἔστι μάλιστα τοῦτο
δέος, μὴ, πανοῦργος ὢν, καὶ δεινὸς ἄνθρωπος πράγμασι χρῆσθαι, τὰ μὲν εἴκων, ἡνίκα ἂν τύχῃ, τὰ δ'
ἀπειλῶν (ἀξιόπιστος δ' ἂν εἰκότως φαίνοιτο), τὰ δ'
ἡμᾶς διαβάλλων καὶ τὴν ἀπουσίαν τὴν ἡμετέραν,
τρέψηται καὶ παρασπάσηταί τι τῶν ὅλων πραγμάτων.

CONFIRMATION, PREMIER MOTIF. *Défiance que doit*

Οὐ μὴν ἀλλ' ἐπιεικῶς, ἄνδρες Ἀθηναῖοι, τοῦθ'
ὅπερ δυσμαχώτατόν ἐστι τῶν Φιλίππου πραγμάτων,
καὶ βέλτιστον ὑμῖν. Τὸ γὰρ εἶναι πάντων ἐκεῖνον, ἕνα
ὄντα, κύριον, [2] καὶ ῥητῶν καὶ ἀπορρήτων, καὶ ἅμα
στρατηγὸν καὶ δεσπότην καὶ ταμίαν, καὶ πανταχοῦ
αὐτὸν παρεῖναι τῷ στρατεύματι, πρὸς μὲν τὸ τὰ τοῦ

---

1. Les armées d'Athènes étaient trop souvent composées de soldats mercenaires au lieu de citoyens.

tance de l'expédition.

prompts secours, et d'une députation qui veille sur les et déjoue les manœuvres de Philippe.

L'occasion présente semble élever la voix, et vous dire que vous devez vous occuper sérieusement de la défense des Olynthiens, si vous avez à cœur votre propre conservation. J'ignore quelle est là-dessus votre façon de penser ; voici la mienne. Je voudrais qu'on se décidât sur-le-champ à secourir Olynthe, qu'on préparât le secours au plus tôt, et que les troupes fussent composées de nos citoyens, afin d'éviter l'inconvénient dans lequel on est déjà tombé. Je voudrais encore qu'on fît partir, avant tout, des députés pour annoncer nos résolutions, et veiller sur les lieux à nos inté-rêts. Craignons surtout que Philippe, politique rusé et habile à profiter des conjonctures, ne parvienne, soit en se relâchant de ses droits, s'il est à propos, soit en faisant des menaces (et alors on peut croire à sa parole), soit en cherchant à décrier nos lenteurs et notre inaction, à détacher de nous et à attirer à lui quelque partie de la Grèce.

inspirer le roi de Macédoine par sa conduite passée.

Heureusement, ô Athéniens! ce qui fait la plus grande force du roi de Macédoine, est aujourd'hui votre plus grand avantage. Être seul maître de tous les desseins, avoir seul la faculté de parler ou de se taire, être en même temps le général des armées, le dispensateur des finances, commander partout

---

2. *Reges non liberi solum impedimentis omnibus, sed domini rerum temporumque, trahunt consiliis cuncta, non sequuntur.* TIT. LIV.

πολέμου ταχὺ καὶ κατὰ καιρὸν πράττεσθαι, πολλῷ
προέχει · πρὸς δὲ τὰς καταλλαγὰς ἃς ἂν ἐκεῖνος
ποιήσαιτο ἄσμενος πρὸς Ὀλυνθίους, ἐναντίως ἔχει ·
δῆλον γάρ ἐστι τοῖς Ὀλυνθίοις, ὅτι νῦν οὐ περὶ δόξης
οὐδ᾽ ὑπὲρ μέρους χώρας πολεμοῦσιν, ἀλλ᾽ ἀναστά-
σεως καὶ ἀνδραποδισμοῦ τῆς πατρίδος · καὶ ἴσασιν
ἅτ᾽ Ἀμφιπολιτῶν [1] ἐποίησε τοὺς παραδόντας αὐτῷ
τὴν πόλιν, καὶ Πυδναίων τοὺς ὑποδεξαμένους · καὶ
ὅλως ἄπιστον, οἶμαι, ταῖς πολιτείαις ἡ τυραννίς,
ἄλλως τε κἂν ὅμορον χώραν ἔχωσι.

DEUXIÈME MOTIF. *Les Olyn-*

Ταῦτ᾽ οὖν ἐγνωκότας ὑμᾶς, ὦ ἄνδρες Ἀθηναῖοι,
καὶ τἄλλ᾽ ἃ προςήκει πάντα ἐνθυμουμένους, φημὶ
δεῖν ἐθελῆσαι, καὶ παροξυνθῆναι, καὶ τῷ πολέμῳ
προςέχειν, εἴπερ ποτὲ καὶ νῦν, χρήματα εἰςφέροντας
προθύμως, καὶ αὐτοὺς ἐξιόντας, καὶ μηδὲν ἐλλεί-
ποντας. Οὐδὲ γὰρ λόγος οὐδὲ σκῆψις ἔθ᾽ ὑμῖν τοῦ μὴ
τὰ δέοντα ποιεῖν ἐθέλειν ὑπολείπεται. Νυνὶ γὰρ, ὃ
πάντες ἐθρυλλεῖτε, ὡς Ὀλυνθίους ἐκπολεμῶσαι δεῖν
Φιλίππῳ, γέγονεν αὐτόματον, καὶ ταῦτα ὡς ἂν ὑμῖν
μάλιστα συμφέροι. Εἰ μὲν γὰρ ὑφ᾽ ὑμῶν πεισθέντες
ἀνείλοντο τὸν πόλεμον, σφαλεροὶ σύμμαχοι καὶ μέχρι
του ταῦτ᾽ ἂν ἐγνωκότες ἦσαν ἴσως. Ἐπειδὴ δὲ ἐκ τῶν
πρὸς αὐτοὺς ἐγκλημάτων μισοῦσι, βεβαίαν εἰκὸς τὴν
ἔχθραν αὐτοὺς ὑπὲρ ὧν φοβοῦνται καὶ πεπόνθασιν
ἔχειν.

____

1. Philippe, devenu maître d'Amphipolis et de Pydna, à la

en personne; cela influe beaucoup dans la guerre sur la promptitude et la justesse de l'exécution : mais aussi cela même est un obstacle à l'envie qu'aurait Philippe de se rapprocher des Olynthiens. Ceux-ci, en effet, voient qu'ils combattent, non pour la gloire ou pour une partie de leur sol, mais pour empêcher la ruine et l'asservissement de leur patrie. Ils savent comment le prince a payé les services des traîtres d'Amphipolis et de Pydna, qui lui ont ouvert les portes de ces deux villes. Et en général, les monarques doivent être suspects aux républiques, surtout quand ils en sont voisins.

thiens seront des alliés fidèles.

Convaincus de ces vérités, et d'ailleurs remplis de tous les sentiments convenables, vous devez, maintenant plus que jamais, vous porter à agir, vous animer, et, tournant toutes vos pensées du côté de la guerre, contribuer avec zèle de vos fortunes, et payer de vos personnes. Car vous n'avez plus ni raison ni prétexte qui vous dispense de faire tout ce qui est en vous. L'avantage de mettre Olynthe aux prises avec Philippe, cet avantage si ardemment désiré, s'offre de lui-même, et avec les circonstances les plus favorables. En effet, si les Olynthiens eussent entrepris la guerre à votre sollicitation, on pourrait moins compter sur leur alliance et sur leurs sentiments actuels : mais comme ils haïssent Philippe, parce qu'ils ont eux-mêmes sujet de s'en plaindre, ce qu'ils ont souffert et ce qu'ils craignent, doit nous assurer de leur haine contre ce monarque.

faveur des intelligences qu'il avait dans ces deux villes, se défit des traîtres ou par l'exil ou par la mort.

Troisième motif. *Funestes effets de la négligence*

Οὐ δεῖ δὴ τοιοῦτον, ὦ ἄνδρες Ἀθηναῖοι, παραπεπτωκότα καιρὸν ἀφεῖναι, οὐδὲ παθεῖν ταὐτὸ ὅπερ ἤδη πολλάκις πρότερον πεπόνθατε. Εἰ γὰρ, ὅθ᾽ ἥκομεν Εὐβοεῦσι βεβοηθηκότες [1], καὶ παρῆσαν Ἀμφιπολιτῶν Ἱέραξ καὶ Στρατοκλῆς ἐπὶ τουτὶ τὸ βῆμα κελεύοντες ὑμᾶς ἐκπλεῖν καὶ παραλαμβάνειν τὴν πόλιν, τὴν αὐτὴν παρειχόμεθ᾽ ἡμεῖς καὶ ὑπὲρ ἡμῶν αὐτῶν προθυμίαν, ἥνπερ ὑπὲρ τῆς Εὐβοέων σωτηρίας, εἴχετ᾽ ἂν Ἀμφίπολιν τότε, καὶ πάντων τῶν μετὰ ταῦτα ἂν ἦτε ἀπηλλαγμένοι πραγμάτων· καὶ πάλιν ἡνίκα Πύδνα, Ποτίδαια, Μεθώνη, Παγασαὶ, τἄλλα (ἵνα μὴ καθ᾽ ἕκαστα λέγων διατρίβω) πολιορκούμενα ἀπηγγέλλετο· εἰ τότε τούτων ἑνὶ τῷ πρώτῳ προθύμως, καὶ ὡς προςῆκεν, ἐβοηθήσαμεν αὐτοὶ, ῥᾴονι καὶ πολὺ ταπεινοτέρῳ νῦν ἂν ἐχρώμεθα τῷ Φιλίππῳ. Νῦν δὲ τὸ μὲν παρὸν ἀεὶ προϊέμενοι, τὰ δὲ μέλλοντα αὐτόματα οἰόμενοι σχήσειν καλῶς, καὶ ηὐξήσαμεν, ὦ ἄνδρες Ἀθηναῖοι, Φίλιππον ἡμεῖς, καὶ κατεστήσαμεν τηλικοῦτον, ἡλίκος οὐδείς πω βασιλεὺς γέγονε Μακεδονίας.

Quatrième motif. *Il faut craindre de lasser*

Νυνὶ δὲ καιρὸς ἥκει· τίς; οὗτος, ὁ τῶν Ὀλυνθίων, αὐτόματος τῇ πόλει, ὃς οὐδενός ἐστιν ἐλάττων τῶν προτέρων ἐκείνων. Καὶ ἔμοιγε δοκεῖ τις ἂν, ὦ ἄνδρες

---

1. Neuf ans avant cette harangue, l'Eubée s'était divisée en deux factions, dont l'une réclama le secours de Thèbes, et l'autre celui d'Athènes. Les Athéniens firent cette expédition

des Athéniens dans des occasions précédentes.

Prenez garde, Athéniens, de laisser échapper une telle occasion, et de tomber dans la faute que vous avez déjà commise plus d'une fois. Par exemple, si, lorsque nous venions de secourir l'Eubée, lorsqu'Hiérax et Stratoclès, députés des Amphipolitains, nous exhortaient, du haut de cette tribune, à nous mettre en mer, et à venir prendre possession de leur ville; si, dans cette circonstance, nous eussions montré pour nos propres intérêts la même chaleur que nous avions témoignée pour le salut des Eubéens, rentrés alors dans Amphipolis, et redevenus maîtres de cette place, nous aurions évité tous les embarras où nous nous trouvâmes depuis. Et ensuite, si, lorsqu'on nous annonçait le siége de Pydna, de Potidée, de Méthone, de Pagase, et des autres places qu'il est inutile de nommer, nous avions secouru avec ardeur, et comme il convenait, la première d'entre elles qui fut assiégée, Philippe serait aujourd'hui moins fier et plus traitable. Mais, grâce à cette indolence qui nous fait abandonner le présent, et qui nous tranquillise sur l'avenir, ce prince s'est agrandi; il est devenu plus puissant que ne le fut jamais aucun roi de Macédoine.

la bienveillance des dieux et de la fortune.

Voici maintenant une grande occasion : quelle est-elle ? celle des Olynthiens, qui s'offre d'elle-même, et n'est pas moins importante qu'aucune de celles qui ont précédé. Pour moi, quoique beaucoup de choses n'aillent pas selon nos désirs, il

avec la plus grande promptitude ; en moins de cinq jours, ils se trouvèrent prêts, chassèrent les Thébains de l'île, et y rétablirent le calme.

Ἀθηναῖοι, δίκαιος λογιστὴς τῶν παρὰ τῶν Θεῶν ἡμῖν ὑπηργμένων καταστὰς, καίπερ οὐκ ἐχόντων ὡς δεῖ πολλῶν, ὅμως μεγάλην ἂν ἔχειν αὐτοῖς χάριν · εἰκότως. Τὸ μὲν γὰρ πολλὰ ἀπολωλεκέναι κατὰ τὸν πόλεμον, τῆς ἡμετέρας ἀμελείας ἄν τις Θείη δικαίως· τὸ δὲ μήτε πάλαι τοῦτο πεπονθέναι, πεφηνέναι τέ τινα ἡμῖν συμμαχίαν τούτων ἀντίρροπον, ἂν βουλώμεθα χρῆσθαι, τῆς παρ᾽ ἐκείνων εὐνοίας εὐεργέτημ᾽ ἂν ἔγωγε Θείην. Ἀλλ᾽, οἶμαι, παρόμοιόν ἐστιν ὅπερ καὶ περὶ τῆς τῶν χρημάτων κτήσεως. Ἂν μὲν γὰρ ὅσα ἄν τις λάβῃ καὶ σώσῃ, μεγάλην ἔχει τῇ τύχῃ τὴν χάριν · ἂν δ᾽ ἀναλώσας λάθῃ, συνανάλωσε καὶ τὸ μεμνῆσθαι τῇ τύχῃ τὴν χάριν. Καὶ περὶ τῶν πραγμάτων οὕτως. Οἱ μὴ χρησάμενοι τοῖς καιροῖς ὀρθῶς, οὐδ᾽ εἰ συνέβη τι παρὰ τῶν Θεῶν χρηστὸν, μνημονεύουσι · πρὸς γὰρ τὸ τελευταῖον ἐκβὰν, ἕκαστον τῶν προϋπαρξάντων ὡς τὰ πολλὰ κρίνεται. Διὸ καὶ σφόδρα δεῖ τῶν λοιπῶν ὑμᾶς, ὦ ἄνδρες Ἀθηναῖοι, φροντίσαι, ἵνα τοῦτ᾽ ἐπανορθωσάμενοι, τὴν ἐπὶ τοῖς πεπραγμένοις ἀδοξίαν ἀποτριψώμεθα.

CINQUIÈME MOTIF. *Ambition de Philippe toujours plus*
Athènes l'abandon

Εἰ δὲ προησόμεθα, ὦ ἄνδρες Ἀθηναῖοι, καὶ τούτους τοὺς ἀνθρώπους, εἴτ᾽ Ὄλυνθον ἐκεῖνος καταστρέψεται, φρασάτω τις ἐμοὶ τί τὸ κωλύον ἔτ᾽ αὐτὸν ἔσται βαδίζειν ὅποι βούλεται; Ἆρά γε λογίζεταί τις ὑμῶν, ὦ ἄνδρες Ἀθηναῖοι, καὶ Θεωρεῖ τὸν τρόπον δι᾽ ὃν μέγας γέγονεν, ἀσθενὴς ὢν τὸ κατ᾽ ἀρχὰς Φίλιππος; Τὸ πρῶτον Ἀμφίπολιν λαβὼν, μετὰ ταῦτα Πύδναν, πάλιν Ποτίδαιαν, Μεθώνην αὖθις, εἶτα Θετταλίας ἐπέβη · μετὰ ταῦτα Φερὰς, Παγασὰς,

me semble que celui d'entre nous qui se rappellerait toutes les faveurs que nous avons reçues des dieux, devrait se sentir pénétré d'une profonde reconnaissance. En effet, si l'on peut justement imputer à notre négligence les pertes que nous avons essuyées dans la guerre, on doit attribuer à une protection divine le bonheur de ne les avoir pas éprouvées plus tôt, et l'avantage d'une alliance capable, si nous en profitons, de les réparer toutes. Mais, à mon avis, il en est des peuples comme des particuliers. Un particulier qui conserve les biens qu'il a reçus de la fortune, lui en témoigne sa gratitude ; tandis que celui qui les dissipe imprudemment, perd avec eux le souvenir de ses bienfaits : ainsi, dans le gouvernement de l'État, un peuple qui n'a pas su profiter des occasions, ne se rappelle pas même les faveurs qu'il avait obtenues auparavant du ciel ; car le mal présent, pour l'ordinaire, fait oublier le bonheur passé. Nous devons donc à l'avenir veiller davantage à nos propres intérêts, réformer notre conduite, et par là effacer les taches qu'elle a faites jusqu'ici à notre gloire.

active et plus insatiable. Résultats qu'aurait pour des Olynthiens.

Que si, pour comble de négligence, nous abandonnons les Olynthiens, qui ont recours à nous, et que Philippe s'empare de leur ville ; je vous le demande, qui pourra l'empêcher d'aller où il voudra? A-t-on jamais réfléchi sur la manière dont ce monarque, si faible d'abord, est devenu si puissant? Il commença par la prise d'Amphipolis, qui fut suivie de celle de Pydna, de Potidée, de Méthone ; puis il entra dans la Thessalie. Alors, ayant

Μαγνησίαν, πάνθ' ὃν ἐβούλετο εὐτρεπίσας τρόπον,
ᾤχετ' εἰς Θράκην [1] · εἶτ' ἐκεῖ, τοὺς μὲν ἐκβαλὼν,
τοὺς δὲ καταστήσας τῶν βασιλέων, ἠσθένησε· πάλιν
ῥαΐσας, οὐκ ἐπὶ τὸ ῥᾳθυμεῖν ἀπέκλινεν, ἀλλ' εὐθὺς
Ὀλυνθίοις ἐπεχείρησε · τὰς δὲ ἐπ' Ἰλλυριοὺς καὶ
Παίονας αὐτοῦ καὶ πρὸς Ἀρύμβαν [2], καὶ ὅπῃ τις ἂν
εἴποι, παραλείπω στρατείας. Τί οὖν, ἄν τις εἴποι,
ταῦτα λέγεις ἡμῖν νῦν; Ἵνα γνῶτε, ὦ ἄνδρες Ἀθηναῖοι, καὶ αἴσθησθε ἀμφότερα, καὶ τὸ προΐεσθαι καθ'
ἕκαστον αἰεί τι τῶν πραγμάτων ὡς ἀλυσιτελὲς, καὶ
τὴν φιλοπραγμοσύνην ᾗ πρὸς ἅπαντας χρῆται καὶ
συζῇ Φίλιππος, ὑφ' ἧς οὐκ ἔστιν ὅπως ἀγαπήσας τοῖς
πεπραγμένοις, ἡσυχίαν σχήσει. Εἰ δ' ὃ μὲν, ὡς αἰεί
τι μεῖζον τῶν ὑπαρχόντων δεῖ πράττειν, ἐγνωκὼς
ἔσται, ἡμεῖς δὲ ὡς οὐδενὸς ἀντιληπτέον ἐρρωμένως
τῶν πραγμάτων · σκοπεῖτε εἴ τις ποτὲ ἐλπὶς ταῦτα
τελευτῆσαι · πρὸς Θεῶν, τίς οὕτως εὐήθης ἐστὶν
ὑμῶν, ὅστις ἀγνοεῖ τὸν ἐκεῖθεν πόλεμον δεῦρο ἥξοντα,
ἂν ἀμελήσωμεν; Ἀλλὰ μὴν εἰ τοῦτο γενήσεται, δέ-
δοικα, ὦ ἄνδρες Ἀθηναῖοι, μὴ τὸν αὐτὸν τρόπον
ὥσπερ οἱ δανειζόμενοι, ῥᾳδίως ἐπὶ τοῖς μεγάλοις
τόκοις μικρὸν εὐπορήσαντες χρόνον, ὕστερον καὶ τῶν
ἀρχαίων ἀπέστησαν, οὕτω καὶ ἡμεῖς ἂν ἐπὶ πολλῷ
φανῶμεν ἐρρᾳθυμηκότες, καὶ ἅπαντα πρὸς ἡδονὴν
ζητοῦντες, πολλὰ καὶ χαλεπὰ, ὧν οὐκ ἠβουλόμεθα,
ὕστερον εἰς ἀνάγκην ἔλθωμεν ποιεῖν, καὶ κινδυνεύσω-
μεν περὶ τῶν ἐν αὐτῇ τῇ χώρᾳ.

1. *Devictis Phocensibus, in Chalcidem Philippus tra-
jicit ; ubi, bello pari perfidia gesto, captisque per dolum
et occisis finitimis regibus, universam provinciam imperio
Macedoniæ adjungit.* Justin., VIII, 3.

2. *Bello in Illyrios translato, multa millia hominum
cædit.* Id. VII, 6. *Olympiadem, Neoptolemi regis Molossorum filiam, uxorem ducit, conciliante nuptias fratre*

disposé de Phères, de Pagase, de Magnésie, comme il voulut, il partit pour la Thrace. Là, après avoir donné et ôté des couronnes, il tomba malade. Il ne fut pas plutôt rétabli, que, sans se livrer à l'inaction, il attaqua les Olynthiens. Je ne parle pas de ses expéditions dans l'Illyrie, dans la Péonie, contre Arymbas ; et où n'en a-t-il pas fait ? Pourquoi tout ce détail ? dira-t-on ; c'est pour que vous sachiez, Athéniens, pour que vous conceviez combien il est nuisible d'abandonner toujours quelque partie des affaires, et quelle est cette ambition de Philippe qui le dévore, qui lui fait attaquer successivement tous les peuples, sans lui permettre de s'arrêter et de s'en tenir à ses premières conquêtes. Mais, si ce prince est persuadé qu'il doit toujours aller en avant, et nous, au contraire, que nous ne devons rien entreprendre avec vigueur, à quoi pouvons-nous enfin nous attendre ? Au nom des dieux, est-il parmi vous quelqu'un d'assez simple pour ignorer que la guerre viendra d'Olynthe à Athènes, si nous n'y prenons garde ? Et en ce cas je crains bien que, semblables à ces imprudents qui empruntent à gros intérêts, et qui, après avoir joui d'une aisance passagère, perdent jusqu'à leurs propres fonds ; je crains que nous ne sentions trop tard combien il nous en coûte de nous être livrés à l'indolence ; je crains qu'après avoir toujours cherché ce qui nous flattait pour le moment, nous ne nous trouvions enfin réduits à faire bien des choses contre notre gré, et obligés de défendre notre propre pays.

patruele, altore virginis, Arruba, rege Molossorum, qui sororem Olympiadis Troadam in matrimonium habebat ; quæ causa illi exitii, malorumque omnium initium fuit. Nam dum regni incrementa affinitate Philippi acquisiturum sperat, proprio ab eodem privatus, in exsilio consenuit. Id. ibid. *Ereptum Arrybæ regnum, Alexandro, privigno ejus, uxoris Olympiadis fratri, puero admodum, tradidit.* Id. VIII, 6.

DEUXIÈME PARTIE. *Moyens de*

1° Envoyer un corps de troupes à Olynthe,

Τὸ μὲν οὖν ἐπιτιμᾷν ἴσως φήσει τις ἂν ῥᾴδιον καὶ παντὸς εἶναι · τὸ δ' ὑπὲρ τῶν παρόντων ὅ τι δεῖ πράττειν ἀποφαίνεσθαι, τοῦτ' εἶναι συμβούλου. Ἐγὼ δ' οὐκ ἀγνοῶ μὲν, ὦ ἄνδρες Ἀθηναῖοι, τοῦθ', ὅτι πολλάκις ὑμεῖς οὐ τοὺς αἰτίους, ἀλλὰ τοὺς ὑστάτους περὶ τῶν πραγμάτων εἰπόντας ἐν ὀργῇ ποιεῖσθε, ἄν τι μὴ κατὰ γνώμην ἐκβῇ. Οὐ μὴν οἶμαί γε δεῖν τὴν ἰδίαν ἀσφάλειαν σκοποῦνθ' ὑποστείλασθαι περὶ ὧν ὑμῖν συμφέρειν ἡγοῦμαι. Φημὶ δὴ διχῇ βοηθητέον εἶναι τοῖς πράγμασιν ὑμῖν, τῷ τε τὰς πόλεις τοῖς Ὀλυνθίοις σώζειν καὶ τοὺς τοῦτο ποιήσοντας στρατιώτας ἐκπέμπειν, καὶ τῷ τὴν ἐκείνου χώραν κακῶς ποιεῖν καὶ τριήρεσι καὶ στρατιώταις ἑτέροις.

MOTIF. *Inutilité d'une attaque*

Εἰ δὲ θατέρου τούτων ὀλιγωρήσετε, ὀκνῶ μὴ μάταιος ἡμῖν ἡ στρατεία γένηται. Εἴτε γὰρ, ὑμῶν τὴν ἐκείνου κακῶς ποιούντων, ὑπομείνας τοῦτο, Ὄλυνθον παραστήσεται, ῥᾳδίως ἐπὶ τὴν οἰκείαν ἐλθὼν ἀμυνεῖται · εἴτε, βοηθησάντων μόνον ὑμῶν εἰς Ὄλυνθον, ἀκινδύνως ὁρῶν ἔχοντα τὰ οἴκοι, προςκαθεδεῖται καὶ προςεδρεύσει τοῖς πράγμασι, περιέσται τῷ χρόνῳ τῶν πολιορκουμένων. Δεῖ δὴ πολλὴν καὶ διχῇ τὴν βοήθειαν εἶναι.

faire réussir l'expédition.

et un autre dans les États mêmes de Philippe.

La censure est facile, dira-t-on, elle est générale ; mais proposer un bon avis pour la circonstance, voilà ce qu'on attend d'un ministre. Je n'ignore pas, Athéniens, que, quand il arrive quelque événement fâcheux, vous faites tomber votre courroux, non sur les auteurs de vos maux, mais sur les orateurs qui ont parlé les derniers ; je ne crois pas toutefois que la considération de ma sûreté particulière doive me fermer la bouche sur les intérêts de l'Etat. Je dis donc que, dans la conjoncture présente, vous devez envoyer des troupes, et du côté d'Olynthe, pour sauver les places des Olynthiens, et dans la Macédoine, que vous attaquerez par terre et par mer.

faite sur un seul point.

Si vous négligez l'un ou l'autre , je doute que votre expédition réussisse. Car si, tandis que vous ravagerez le pays de Philippe, le prince , supportant ce dommage, vient à bout d'emporter la ville, de retour dans ses Etats, il se vengera sans peine ; ou si, tandis que vous vous contenterez de secourir Olynthe, Philippe, voyant son pays en sûreté, continue vivement le siége , il forcera, avec le temps, les assiégés de se rendre. Il faut donc un secours puissant, et distribué comme je dis.

*2° Trouver les fonds nécessaires. L'orateur, sans
posait à rien moins qu'à la peine capitale, laisse
fonds affectés aux distributions du théâtre* [1].

Καὶ περὶ μὲν τῆς βοηθείας ταῦτα γιγνώσκω. Περὶ
δὲ χρημάτων πόρου, ἔστιν, ὦ ἄνδρες Ἀθηναῖοι, χρήματα ὑμῖν· ἔστιν ὅσα οὐδενὶ τῶν ἄλλων ἀνθρώπων
στρατιωτικά. Ταῦτα δὲ ὑμεῖς οὕτως, ὡς βούλεσθε,
λαμβάνετε. Εἰ μὲν οὖν ταῦτα τοῖς στρατευομένοις
ἀποδώσετε, οὐδενὸς ὑμῖν προςδεῖ πόρου· εἰ δὲ μὴ,
προςδεῖ, μᾶλλον δ' ἄπαντος ἐνδεῖ τοῦ πόρου. Τί οὖν;
ἄν τις εἴποι, σὺ γράφεις ταῦτ' εἶναι στρατιωτικά;
Μὰ Δί' οὐκ ἔγωγε· ἐγὼ μὲν γὰρ ἡγοῦμαι στρατιώτας
δεῖν κατασκευασθῆναι, καὶ ταῦτ' εἶναι στρατιωτικὰ,
καὶ μίαν σύνταξιν εἶναι τὴν αὐτὴν, τοῦ τε λαμβάνειν
καὶ τοῦ ποιεῖν τὰ δέοντα. Ὑμεῖς δὲ οὕτω πως ἄνευ
πραγμάτων λαμβάνετε εἰς τὰς ἑορτάς. Ἔστι δὴ λοιπὸν, οἶμαι, πάντας εἰσφέρειν· ἂν πολλῶν δέῃ, πολλὰ,
ἂν ὀλίγων, ὀλίγα. Δεῖ δὴ χρημάτων, καὶ ἄνευ τούτων
οὐδέν ἐστι γενέσθαι τῶν δεόντων. Λέγουσι δὲ καὶ ἄλλους τινὰς ἄλλοι πόρους· ὧν ἕλεσθε ὅςτις ὑμῖν ἂν
συμφέρειν δοκῇ, καὶ ἕως ἔστι καιρὸς, ἀντιλάβεσθε
τῶν πραγμάτων.

Suite de la confirmation. Premier motif. *La situa-
tageuse qu'on*

Ἄξιον δὲ ἐνθυμηθῆναι καὶ λογίσασθαι τὰ πράγματα, ἐν ᾧ καθέστηκε νυνὶ τὰ τοῦ Φιλίππου. Οὔτε
γὰρ (ὡς δοκεῖ, καὶ φήσειέ τις ἂν μὴ σκοπῶν ἀκριβῶς)

---

1. Ces fonds provenaient d'une contribution particulière
imposée aux citoyens riches, sur laquelle se prélevaient les
deux oboles que, dans les fêtes publiques, on distribuait à

énoncer positivement une proposition qui ne l'ex-
entrevoir la nécessité d'employer militairement les

Voilà mon avis sur le secours à donner. Quant aux subsides, vous avez de quoi y fournir plus qu'aucun autre peuple; mais l'argent que vous avez entre les mains, vous le recevez à tel titre qu'il vous plaît. Si vous le rendez aux soldats, vous n'avez pas besoin d'autres fonds ; sinon, vous en aurez besoin, ou même vous manquerez absolument de fonds. Quoi donc, dira quelqu'un, proposez-vous d'affecter cet argent aux dépenses de la guerre? non certes; mais je crois qu'il faut lever des troupes, que cet argent leur appartient, et que dans un état, ceux qui en reçoivent les deniers, doivent le défendre et payer de leurs personnes. Vous au contraire, vous recevez l'argent de la république sans nulle raison, sans rendre nul service, pour assister à des jeux. Il ne reste donc que la ressource d'une contribution plus ou moins forte, selon l'exigence du cas: car enfin il faut de l'argent, et sans argent rien ne se fait. Plusieurs prétendent qu'il est d'autres moyens d'en avoir. Parmi ces moyens choisissez les meilleurs ; et, tandis qu'il en est encore temps, hâtez-vous d'agir.

tion de Philippe n'est pas aussi belle ni aussi avan-
pourrait le croire.

Il est à propos de réfléchir et d'examiner quelle est la situation actuelle de Philippe. Elle n'est ni aussi belle ni aussi brillante qu'elle pourrait paraître au premier coup d'œil. Non, ce prince n'eût

chaque citoyen pauvre, pour lui donner droit d'entrée au

εὐπρεπῶς, οὐδ’ ὡς ἂν κάλλιστα, αὐτῷ τὰ παρόντ’
ἔχει· οὔτ’ ἂν ἐξήνεγκε τὸν πόλεμόν ποτε τοῦτον ἐκεῖνος, εἰ πολεμεῖν ᾠήθη δεήσειν αὐτόν· ἀλλ’ ὡς ἐπιὼν,
ἅπαντα τότε ἤλπιζε τὰ πράγματα ἀναιρήσεσθαι·
κᾆτα διέψευσται. Τοῦτο δὴ πρῶτον αὐτὸν ταράττει
παρὰ γνώμην γεγονὸς, καὶ πολλὴν ἀθυμίαν αὐτῷ
παρέχει· εἶτα τὰ τῶν Θετταλῶν. Ταῦτα γὰρ ἄπιστα
μὲν ἦν δήπου φύσει, καὶ ἀεὶ πᾶσιν ἀνθρώποις· κομιδῇ δ’ ὥσπερ ἦν, καὶ ἔστι νῦν τούτῳ. Καὶ γὰρ Παγασὰς ἀπαιτεῖν αὐτόν εἰσιν ἐψηφισμένοι, καὶ Μαγνησίαν κεκωλύκασι τειχίζειν. Ἤκουον δ’ ἔγωγέ τινων,
ὡς οὐδὲ τοὺς λιμένας καὶ τὰς ἀγορὰς ἔτι δώσοιεν
αὐτῷ καρποῦσθαι· τὰ γὰρ κοινὰ τῶν Θετταλῶν ἀπὸ
τούτων δέοι διοικεῖν, οὐ Φίλιππον λαμβάνειν. Ἂν δὲ
τούτων ἀποστερηθῇ τῶν χρημάτων, εἰς στενὸν κομιδῇ
τὰ τῆς τροφῆς τοῖς ξένοις αὐτῷ καταστήσεται.
Ἀλλὰ μὴν τόν γε Παίονα, καὶ τὸν Ἰλλυριὸν, καὶ
ἁπλῶς τούτους ἅπαντας ἡγεῖσθαι χρὴ αὐτονόμους
ἥδιον ἂν καὶ ἐλευθέρους, ἢ δούλους εἶναι· καὶ γὰρ
ἀήθεις τοῦ κατακούειν τινός εἰσι, καὶ ἄνθρωπος
ὑβριστὴς, ὥς φασι. Καὶ μὰ Δι’ οὐδὲν ἄπιστον ἴσως·
τὸ γὰρ εὖ πράττειν παρὰ τὴν ἀξίαν, ἀφορμὴ τοῦ κακῶς φρονεῖν τοῖς ἀνοήτοις γίνεται· διόπερ πολλάκις
δοκεῖ τὸ φυλάξαι τἀγαθὰ τοῦ κτήτασθαι χαλεπώτε-
ρον εἶναι [1].

1. *Facilius est quædam vincere quam tueri.* Quint.
Curt.

jamais entrepris cette guerre, s'il eût cru trouver de la résistance ; il espérait emporter la ville d'assaut ; mais il a été trompé. Cet embarras imprévu le trouble et l'inquiète ; ajoutez encore les craintes que lui donnent les Thessaliens. Ce peuple est perfide par caractère, il le fut toujours ; et le monarque l'éprouve aujourd'hui plus que personne. Ils ont décidé de lui redemander Pagase, et l'ont empêché de fortifier Magnésie. J'ai même entendu dire à quelques-uns d'entre eux, qu'ils ne lui permettraient plus de percevoir des droits dans leurs ports et dans leurs marchés. Car enfin, disent-ils, il serait plus à propos d'employer cet argent aux besoins communs de la Thessalie, que de le laisser entre les mains de Philippe. Or, s'il est privé de ce revenu, comment entretiendra-t-il ses troupes étrangères ? Pour ce qui est des Péoniens, des Illyriens, de tous les autres peuples qu'il a conquis, ils aimeraient mieux, sans doute, être indépendants que d'être esclaves. Ils ne sont point accoutumés à obéir ; et Philippe, à ce qu'on dit, est devenu insolent : ce qui m'étonne d'autant moins, que des succès inattendus ôtent la raison aux gens peu sages. Aussi est-il souvent plus difficile de conserver que d'acquérir.

Deuxième motif. *Les Athéniens ne doivent pas épar-
eux d'aucun*

Δεῖ τοίνυν ὑμᾶς, ὦ ἄνδρες Ἀθηναῖοι, τὴν ἀκαι-
ρίαν τὴν ἐκείνου, καιρὸν ὑμέτερον νομίσαντας, ἑτοίμως συνάρασθαι τὰ πράγματα, καὶ πρεσβευομένους
ἐφ' ἃ δεῖ, καὶ στρατευομένους αὐτοὺς, καὶ παροξύνον-
τας τοὺς ἄλλους ἅπαντας, λογιζομένους, εἰ Φίλιππος λάβοι καθ' ἡμῶν τοιοῦτον καιρὸν, καὶ πόλεμος
γένοιτο πρὸς τῇ χώρα, πῶς ἂν αὐτὸν οἴεσθε ἑτοίμως
ἐφ' ἡμᾶς ἐλθεῖν; Εἶτ' οὐκ αἰσχύνεσθε, εἰ, μηδ' ἃ
πάθοιτ' ἂν, εἰ δύναιτ' ἐκεῖνος, ταῦτα ποιῆσαι καιρὸν
ἔχοντες οὐ τολμήσετε.

Troisième motif. *S'ils ne combattent pas à Olynthe,
leur propre*

Ἔτι τοίνυν, ὦ ἄνδρες Ἀθηναῖοι, μηδὲ τοῦθ' ὑμᾶς
λανθανέτω, ὅτι νῦν αἵρεσίς ἐστιν ὑμῖν, πότερον ὑμᾶς
ἐκεῖ χρὴ πολεμεῖν, ἢ παρ' ὑμῖν ἐκεῖνον. Ἐὰν μὲν γὰρ
ἀντέχῃ τὰ τῶν Ὀλυνθίων, ὑμεῖς ἐκεῖ πολεμήσετε,
καὶ τὴν ἐκείνου κακῶς ποιήσετε τὴν ὑπάρχουσαν, καὶ
τὴν οἰκείαν ταύτην ἀδεῶς καρπούμενοι· ἂν δ' ἐκεῖνα
Φίλιππος λάβῃ, τίς αὐτὸν ἔτι κωλύσει δεῦρο βαδίζειν; Θηβαῖοι; μὴ λίαν πικρὸν εἰπεῖν ἦ, καὶ συνεις-
βαλοῦσιν ἑτοίμως. Ἀλλὰ Φωκεῖς; οἱ τὴν οἰκείαν οὐχ
οἷοίτε ὄντες φυλάττειν, ἐὰν μὴ βοηθήσηθ' ὑμεῖς. Ἢ
ἄλλος τις; Ἀλλ' ὦ 'τὰν, οὐχὶ βουλήσεται. Τῶν ἀτοπω-
τάτων μέν τ' ἂν εἴη, εἰ ἃ νῦν ἄνοιαν ὀφλισκάνων
ὅμως ἐκλαλεῖ, ταῦτα δυνηθεὶς μὴ πράξει; Ἀλλὰ μὴν
ἡλίκα γ' ἐστὶ τὰ διάφορα ἐνθάδε ἢ ἐκεῖ πολεμεῖν,
οὐδὲ λόγου προσδεῖν ἡγοῦμαι. Εἰ γὰρ ὑμᾶς δεήσειεν

gner un ennemi, qui, dans l'occasion, n'userait avec ménagement.

Ainsi donc, Athéniens, ce qui est un désavantage pour notre ennemi, regardons-le comme un avantage pour nous; agissons vivement et sans délai; envoyons des députés partout où il est nécessaire; animons les autres, et marchons nous-mêmes. Ah! si une occasion pareille s'offrait au monarque, et que la guerre fût sur les confins de l'Attique, avec quelle ardeur ne viendrait-il pas nous attaquer? Et vous ne rougiriez pas de n'oser faire, quand vous en avez l'occasion, ce qu'il ferait bien volontiers, s'il le pouvait!

et dans la Macédoine, il leur faudra combattre sur territoire.

Ce n'est pas tout, Athéniens; n'oubliez pas que vous avez aujourd'hui à choisir de porter la guerre dans le pays ennemi, ou de la soutenir dans le vôtre. Si Olynthe résiste, vous combattrez sur les terres mêmes du roi de Macédoine que vous ravagerez, tandis que vous cultiverez vos champs sans crainte. Si Philippe se rend maître de la ville, qui l'empêchera de venir ici? les Thébains? ce peuple, il est fâcheux de le dire, s'unirait bientôt à lui pour tomber sur nous. Les Phocéens? eux qui ne peuvent se défendre sans notre secours. Quel autre peuple l'empêcherait? Mais peut-être Philippe n'en aura pas la volonté. Mais ce serait le comble de la folie, s'il ne faisait point, quand il en aura le pouvoir, ce dont il se vante déjà avec tant d'imprudence. Il serait superflu de montrer fort au long combien il est différent de combattre sur nos terres ou sur les siennes. Oui, s'il vous fallait cam-

αὐτοὺς τριάκοντα ἡμέρας μόνας ἔξω γενέσθαι, καὶ ὅσα ἀνάγκη, στρατοπέδῳ χρωμένους, τῶν ἐκ τῆς χώρας λαμβάνειν (μηδενὸς ὄντος ἐν αὐτῇ πολεμίου λέγω), πλέον ἂν οἶμαι ζημιωθῆναι τοὺς γεωργοῦντας ὑμῶν, ἢ ὅσα εἰς ἅπαντα τὸν προτοῦ πόλεμον δεδαπάνηται [1]. Εἰ δὲ δὴ πόλεμός τις ἥκει, πόσα χρὴ νομίσαι ζημιωθήσεσθαι; καὶ προςέσται ἡ ὕβρις καὶ ἔτι ἡ τῶν πραγμάτων αἰσχύνη, οὐδεμιᾶς ἐλάττων ζημίας τοῖς γε σώφροσι.

PÉRORAISON. *Tous les citoyens, riches, pauvres, minis-*
zèle pour

Πάντα δὴ ταῦτα δεῖ συνιδόντας ἅπαντας βοηθεῖν, καὶ ἀπωθεῖν ἐκεῖσε τὸν πόλεμον · τοὺς μὲν εὐπόρους, ἵν᾽, ὑπὲρ τῶν πολλῶν, ὧν, καλῶς ποιοῦντες, ἔχουσι, μικρὰ ἀναλίσκοντες, τὰ λοιπά καρπῶνται ἀδεῶς · τοὺς δ᾽ ἐν ἡλικίᾳ, ἵνα τὴν τοῦ πολεμεῖν ἐμπειρίαν ἐν τῇ τοῦ Φιλίππου χώρα κτησάμενοι, φοβεροὶ φύλακες τῆς οἰκείας ἀκεραίου γένωνται· τοὺς δὲ λέγοντας, ἵν᾽ αἱ τῶν πεπολιτευμένων αὐτοῖς εὐθύναι ῥάδιαι γένωνται· ὡς ὁποῖ ἅττ᾽ ἂν ὑμᾶς περιστῇ τὰ πράγματα, τοιοῦτοι κριταὶ καὶ τῶν πεπραγμένων αὐτοῖς ἔσεσθε. Χρηστὰ δὲ εἴη παντὸς εἵνεκα!

1. La guerre que les Athéniens avaient faite en Thrace, et qui leur coûta quinze cent mille écus.

per hors de vos murs seulement un mois, et faire vivre une armée dans notre pays, je dis même sans que nul ennemi le foulât, le dommage qu'éprouveraient vos campagnes l'emporterait sur toutes les dépenses de la dernière guerre. Mais si l'ennemi vient nous attaquer chez nous, à quel dégât ne faut-il pas s'attendre ? Ajoutez l'affront et la honte, plus sensibles que toutes les pertes pour des hommes qui pensent.

tres ou particuliers, ont intérét à déployer le même sauver Olynthe.

Convaincus de ces vérités, courons tous au secours d'Olynthe, et chassons la guerre jusqu'en Macédoine : ceux qui sont riches, afin que, sacrifiant une légère portion des biens qu'ils possèdent par la faveur des dieux, ils jouissent paisiblement du reste; ceux qui sont en âge de porter les armes, afin que, s'étant aguerris dans le pays de Philippe, ils reviennent plus en état de défendre leur patrie, qui n'aura pas été entamée; ceux qui vous gouvernent par la parole, afin qu'il leur soit plus facile de rendre compte des conseils qu'ils vous auront donnés ; car vous les jugerez suivant l'issue qu'auront vos affaires. Puissent-elles donc réussir, pour l'intérêt général !

ΟΛΥΝΘΙΑΚΟΣ

ΛΟΓΟΣ ΔΕΥΤΕΡΟΣ.

Sommaire. — La demande des Olynthiens avait été accueillie. Un décret leur promettait des secours, dont l'envoi était retardé par la crainte qu'avaient les Athéniens de s'engager dans une guerre avec un ennemi aussi redoutable que Phi-

Exorde par insinuation. *La guerre qui vient de s'al-Etats, est une preuve sensible de la bien-*

Ἐπὶ πολλῶν μὲν ἄν τις ἰδεῖν, ὦ ἄνδρες Ἀθηναῖοι, δοκεῖ μοι τὴν παρὰ τῶν Θεῶν εὔνοιαν φανερὰν γενομένην τῇ πόλει, οὐχ ἥκιστα δὲ ἐν τοῖς παροῦσι πράγμασι. Τὸ γὰρ τοὺς πολεμήσαντας Φιλίππῳ γεγενῆσθαι, καὶ χώραν ὅμορον καὶ δύναμίν τινα κεκτημένοὺς, καὶ (τὸ μέγιστον ἁπάντων) τὴν ὑπὲρ τοῦ πολέμου γνώμην τοιαύτην ἔχοντας, ὥστε τὰς πρὸς ἐκεῖνον διαλλαγὰς πρῶτον μὲν ἀπίστους, εἶτα τῆς ἑαυτῶν πατρίδος νομίζειν ἀνάστασιν εἶναι, δαιμονίᾳ τινὶ καὶ θείᾳ παντάπασιν ἔοικεν εὐεργεσίᾳ. Δεῖ τοίνυν, ὦ ἄνδρες Ἀθηναῖοι, τοῦτ' ἤδη σκοπεῖν αὐτοὺς, ὅπως μὴ χείρους περὶ ἡμᾶς αὐτοὺς εἶναι δόξωμεν τῶν ὑπαρχόντων· ὡς ἔστι τῶν αἰσχρῶν, μᾶλλον δὲ τῶν αἰσχίστων, μὴ μόνον πόλεων καὶ τόπων ὧν ἦμέν ποτε κύριοι φαίνεσθαι προειμένους, ἀλλὰ καὶ τῶν ὑπὸ τῆς τύχης παρασκευασθέντων συμμάχων τε καὶ καιρῶν.

Exposition. *L'orateur, dans une prétérition adroite, comme le résultat de l'indolence des Athéniens; par sa mauvaise foi; ses succès touchent à leur il les doit.*

Τὸ μὲν οὖν, ὦ ἄνδρες Ἀθηναῖοι, τὴν Φιλίππου ῥώμην διεξιέναι, καὶ διὰ τούτων τῶν λόγων προτρέπειν τὰ δέοντα ποιεῖν ὑμᾶς, οὐχὶ καλῶς ἔχειν ἡγοῦ-

DEUXIÈME
OLYNTHIENNE.

lippe. L'orateur, pour engager ses concitoyens à ne plus différer l'expédition, s'attache surtout à prouver que la puissance de Philippe est sans appui réel.

lumer entre Philippe et des peuples si voisins de ses
veillance des dieux pour les Athéniens.

Athéniens, si jamais les dieux nous ont donné
des preuves sensibles de leur bienveillance, c'est
aujourd'hui surtout qu'ils s'expliquent par des té-
moignages frappants. Des ennemis qui se déclarent
contre Philippe, des ennemis voisins de ses Etats, et
assez puissants pour se faire craindre; enfin (ce
qu'il y a pour nous de plus important) des ennemis qui ont de cette guerre une telle opinion,
qu'ils regardent toute paix avec ce prince comme
peu sûre, ou même comme la ruine de leur patrie; c'est là ce que j'appelle la faveur du ciel la
plus insigne et le bonheur le plus marqué. Il faut
donc, Athéniens, répondre par votre conduite à
un pareil bienfait. Il serait humiliant, que dis-je?
ce serait un opprobre, qu'après avoir abandonné
les villes et les places dont vous étiez les maîtres,
on vous vît encore rejeter les alliances et les occasions que la fortune vient vous offrir.

montre l'agrandissement du royaume de Macédoine
puis il aborde son sujet. Philippe s'est rendu odieux
terme, parce qu'il a épuisé les artifices auxquels

Je ne crois pas, Athéniens, devoir m'étendre ici
sur les conquêtes de Philippe, et par là chercher à
vous rappeler à votre devoir. Pourquoi? c'est que,

μαι. Διὰ τί; ὅτι μοι δοκεῖ πάνθ' ὅσα ἂν εἴπῃ τις
ὑπὲρ τούτων, ἐκείνῳ μὲν ἔχειν φιλοτιμίαν τινὰ,
ἡμῖν δὲ οὐχὶ καλῶς πεπρᾶχθαι· Ὁ μὲν γὰρ ὅσῳ
πλείονα ὑπὲρ τὴν ἀξίαν πεποίηκε τὴν αὑτοῦ, τοσούτῳ
Θαυμαστότερος παρὰ πᾶσι νομίζεται· ὑμεῖς δὲ ὅσῳ
χεῖρον ἢ προςῆκε κέχρησθε τοῖς πράγμασι, τοσούτῳ
πλείονα αἰσχύνην ὠφλήκατε. Ταῦτα μὲν οὖν παρα-
λείψω. Καὶ γὰρ εἰ μετ' ἀληθείας τις, ὦ ἄνδρες Ἀθηναῖοι, σκοποῖτο, ἐνθένδ' ἂν αὐτὸν ἴδοι μέγαν γεγε-
νημένον, οὐχὶ παρ' αὑτοῦ. Ὧν οὖν ἐκεῖνος μὲν ὀφείλει
τοῖς ὑπὲρ αὐτοῦ πεπολιτευμένοις χάριν, ὑμῖν δὲ δίκην
προςήκει λαβεῖν, τούτων οὐχὶ νῦν ὁρῶ τὸν καιρὸν
τοῦ λέγειν· ἃ δὲ καὶ χωρὶς τούτων ἔνι καὶ βέλτιστόν
ἐστιν ἀκηκοέναι πάντας ὑμᾶς, καὶ μεγάλα, ὦ ἄνδρες
Ἀθηναῖοι, κατ' ἐκείνου φαίνοιτ' ἂν ὀνείδη βουλο-
μένοις ὀρθῶς δοκιμάζειν, ταῦτ' εἰπεῖν πειράσομαι.
Τὸ μὲν οὖν ἐπίορκον καὶ ἄπιστον καλεῖν, ἄνευ τοῦ τὰ
πεπραγμένα δεικνύναι, λοιδορίαν εἶναί τις ἂν φήσειε
κενὴν δικαίως. Τὸ δὲ πάνθ' ὅσα πώποτ' ἔπραξε
διεξιόντα, ἐφ' ἅπασι τούτοις ἐλέγχειν, καὶ βραχέος
λόγου συμβαίνει δεῖσθαι, καὶ δυοῖν ἕνεκα ἡγοῦμαι
συμφέρειν εἰρῆσθαι· τοῦ τ' ἐκεῖνόν (ὅπερ καὶ ἀληθὲς
ὑπάρχει) φαῦλον φαίνεσθαι· καὶ τοῦ τοὺς ὑπερεκπε-
πληγμένους ὡς ἄμαχόν τινα τὸν Φίλιππον, ἰδεῖν ὅτι
πάντα διεξελήλυθεν, οἷς πρότερον παρακρουόμενος
μέγας νῦν ηὐξήθη, καὶ πρὸς αὐτὴν ἥκει τὴν τελευτὴν
τὰ πράγματα αὐτῷ.

CONFIRMATION. PREMIER MOTIF. *Tant de peuples dont
abuser une seconde fois*

Ἐγὼ μὲν γὰρ, ὦ ἄνδρες Ἀθηναῖοι, σφόδρα ἂν
ἡγούμην καὶ αὐτὸς φοβερὸν εἶναι καὶ Θαυμαστὸν τὸν

sans doute, ce détail ne ferait que relever sa gloire et constater votre honte. Oui, plus les succès de ce prince sont incroyables, plus il doit paraître un homme étonnant : au contraire, plus les occasions que vous avez perdues étaient favorables, plus vous devez rougir de n'avoir pas su en profiter. Je passerai donc sous silence tout ce qui regarde la grandeur de Philippe; il vous suffit de l'envisager attentivement, pour voir qu'elle est entièrement notre ouvrage. Je tairai des succès dont il n'est redevable qu'à certains de vos ministres qui le servent, et que vous négligez de punir; mais tout ce qui n'a point de rapport à sa fortune, tout ce qu'il est de votre intérêt de savoir, et que je croirai le plus propre à le décrier dans l'esprit des gens sages, c'est, Athéniens, par où je vais commencer. Si, sans alléguer de preuves, je lui prodiguais les noms de parjure et de traître, on pourrait, avec raison, me regarder comme un vain déclamateur; mais si, passant en revue toutes ses actions, j'appelle le blâme sur chacune de ses perfidies, voilà ce que je puis dire en peu de mots, voilà ce qui, à mon avis, sera utile pour deux motifs : l'un pour faire connaître sa conduite vraiment méprisable; l'autre, pour montrer à tous ceux qui pourraient le redouter comme un ennemi invincible, que tous les artifices dont il a usé pour s'accroître, sont épuisés et que sa fortune est au moment de changer.

Philippe a trompé la confiance, ne se laisseront pas par ses promesses.

Pour moi, Athéniens, je pourrais, comme les autres, l'admirer et le craindre, si je l'eusse vu

Φίλιππον, εἰ τὰ δίκαια πράττοντα ἑώρων αὐτὸν ηὐξημένον· νῦν δὲ θεωρῶν καὶ σκοπῶν εὑρίσκω, τὴν μὲν ἡμετέραν εὐήθειαν τὸ κατ' ἀρχὰς, ὅτε Ὀλυνθίους ἀπήλαυνόν τινες ἐνθένδε βουλομένους ἡμῖν διαλεχθῆναι, τῷ τὴν Ἀμφίπολιν φάσκειν παραδώσειν, καὶ τὸ θρυλλούμενόν ποτε ἀπόρρητον ἐκεῖνο κατασκευάσειν, τούτῳ προςαγόμενον· τὴν δ' Ὀλυνθίων φιλίαν μετὰ ταῦτα, τῷ Ποτίδαιαν οὖσαν ἡμετέραν ἐξελεῖν, καὶ τοὺς μὲν πρότερον συμμάχους ἡμᾶς ἀδικῆσαι, παραδοῦναι δὲ ἐκείνοις· Θετταλοὺς δὲ νῦν τὰ τελευταῖα, τῷ Μαγνησίαν ¹ παραδώσειν ὑποσχέσθαι, καὶ τὸν Φωκικὸν πόλεμον πολεμήσειν ὑπὲρ αὐτῶν ἀναδέξασθαι. Ὅλως δὲ οὐδείς ἐστιν, ὅντιν' οὐ πεφενάκικεν ἐκεῖνος, τῶν αὐτῷ χρησαμένων. Τὴν γὰρ ἑκάστων ἄνοιαν ἀεὶ τῶν ἀγνοούντων αὐτὸν ἐξαπατῶν καὶ προςλαμβάνων, οὕτως ηὐξήθη. Ὥσπερ οὖν διὰ τούτων ἤρθη μέγας, ἡνίκα ἕκαστοι συμφέρον αὐτὸν ἑαυτοῖς ᾤοντό τι πράξειν· οὕτως ὀφείλει διὰ τῶν αὐτῶν τούτων καὶ καθαιρεθῆναι πάλιν, ἐπειδὴ πάνθ' ἕνεκα ἑαυτοῦ ποιῶν ἐξελήλεγκται. Καιροῦ μὲν δὴ, ὦ ἄνδρες Ἀθηναῖοι, πρὸς τοῦτο πάρεστι Φιλίππῳ τὰ πράγματα· ἢ παρελθών τις ἐμοὶ (μᾶλλον δὲ ὑμῖν), δειξάτω, ἢ ὡς οὐκ ἀληθῆ ταῦτ' ἐγὼ λέγω, ἢ ὡς οἱ τὰ πρῶτα ἐξηπατημένοι, τὰ λοιπὰ πιστεύσουσιν αὐτῷ, ἢ ὡς παρὰ τὴν αὐτῶν ἀξίαν δεδουλωμένοι Θετταλοὶ νῦν οὐκ ἂν ἐλεύθεροι γένοιντο ἄσμενοι.

1. Ville de Thessalie, au bord de la mer Égée. Philippe s'en

s'avancer par des voies droites et légitimes ; mais quand je me rappelle ce jour où les députés d'Olynthe, qui étaient venus pour vous parler, furent forcés de repartir sans avoir été entendus, je reconnais qu'il a trompé notre bonne foi en nous flattant de nous rendre maîtres d'Amphipolis, et en disant qu'il se préparait en secret à exécuter ce projet annoncé auparavant avec tant d'appareil : je vois qu'après nous avoir joués, il a surpris l'amitié des Olynthiens en leur donnant la ville de Potidée, qu'il nous enlevait malgré notre ancienne alliance avec la Macédoine : je vois qu'en dernier lieu il a séduit les Thessaliens par la promesse de leur rendre Magnésie, et de prendre sur lui tout le fardeau de la guerre de Phocide. Enfin, de tous ceux qui ont eu affaire à ce prince, il n'en est pas qu'il n'ait attirés dans ses piéges ; il a trompé tous ceux qui, faute de le connaître, ont pu ajouter foi à ses paroles ; et voilà l'origine de sa grandeur. Mais, s'il s'est élevé en persuadant aux autres qu'il ne travaillait que pour eux ; par la raison contraire, il tombera, s'il est prouvé qu'il n'a jamais travaillé que pour lui-même. Or je soutiens que c'est la position où se trouve le roi de Macédoine. Si quelqu'un me conteste ce que j'avance, je lui cède la place ; qu'il me dise, ou plutôt qu'il vous prouve que je suis dans l'erreur, ou que des hommes, une fois trompés par ce monarque, voudront toujours l'être, ou qu'enfin les peuples de Thessalie, qu'il retient dans le plus dur esclavage, ne s'estimeront pas trop heureux d'en sortir.

était emparé lorsque les Thessaliens l'avaient appelé, pour qu'il les aidât à se délivrer de leurs tyrans.

Deuxième motif. *Ses alliés sont disposés à l'aban-*
et la mauvaise foi ;

Καὶ μὴν εἴ τις ὑμῶν ταῦτα μὲν οὕτως ἔχειν ἡγεῖται, οἴεται δὲ βίᾳ καθέξειν αὐτὸν τὰ πράγματα, τῷ
τὰ χωρία καὶ λιμένας καὶ τὰ τοιαῦτα προειληφέναι,
οὐκ ὀρθῶς οἴεται. Ὅταν μὲν γὰρ ὑπ᾽ εὐνοίας τὰ πράγματα συστῇ, καὶ πᾶσι ταὐτὰ συμφέρῃ τοῖς μετέχουσι
τοῦ πολέμου, καὶ συμπονεῖν καὶ φέρειν τὰς συμφορὰς
καὶ μένειν ἐθέλουσιν οἱ ἄνθρωποι· ὅταν δ᾽ ἐκ πλεον-
εξίας καὶ πονηρίας τις ὥσπερ οὗτος ἰσχύσῃ, ἡ πρώτη
πρόφασις καὶ μικρὸν πταῖσμα ἅπαντα ἀνεχαίτισε καὶ
διέλυσεν. Οὐ γάρ ἐστιν, οὐκ ἔστιν, ὦ ἄνδρες Ἀθηναῖοι, ἀδικοῦντα καὶ ἐπιορκοῦντα καὶ ψευδόμενον
δύναμιν βεβαίαν κτήσασθαι ¹· ἀλλὰ τὰ τοιαῦτα εἰς
μὲν ἅπαξ καὶ βραχὺν χρόνον ἀντέχει, καὶ σφόδρα γε
ἤνθησεν ἐπὶ ταῖς ἐλπίσιν, ἂν τύχῃ, τῷ χρόνῳ δὲ
φωρᾶται καὶ περὶ αὐτὰ καταρρεῖ. Ὥσπερ γὰρ οἰκίας,
οἶμαι, καὶ πλοίου καὶ τῶν ἄλλων τῶν τοιούτων, τὰ
κάτωθεν ἰσχυρότατα εἶναι δεῖ, οὕτω καὶ τῶν πράξεων
τὰς ἀρχὰς καὶ τὰς ὑποθέσεις ἀληθεῖς καὶ δικαίας
εἶναι προσήκει. Τοῦτο δὲ οὐκ ἔνι νῦν ἐν τοῖς πεπραγμένοις Φιλίππῳ.

Conclusion *conforme au but du discours et aux mo-*
sième

Φημὶ δὴ δεῖν ὑμᾶς ἅμα τοῖς μὲν Ὀλυνθίοις βοηθεῖν, καὶ ὅπως τις λέγει κάλλιστα καὶ τάχιστα, οὕτως ἀρέσκει μοι· πρὸς δὲ Θετταλοὺς πρεσβείαν πέμ-

1. La force est sans appui, du jour qu'elle est sans frein.
C. Delavigne.

donner; sa puissance n'est fondée que sur l'injustice elle ne peut se soutenir.

En convenant de ce que je dis, on aurait tort de se figurer que Philippe, maître de tant de places, de tant de ports, de tant d'autres avantages dont il s'est assuré, se soutiendra toujours par la force. Il est vrai que, quand la puissance est fondée sur l'amour des peuples, et que des alliés qui font la guerre ont le même intérêt à la continuer, aucun travail ne les rebute, aucun revers ne les décourage, rien ne peut les faire changer de parti : mais lorsque la grandeur d'un homme n'est l'ouvrage, comme celle de Philippe, que de l'ambition et de la mauvaise foi, le plus léger échec, le moindre coup suffit pour l'ébranler et pour l'abattre. Car il n'est pas possible, Athéniens, non, il n'est pas possible qu'un injuste, un imposteur, un parjure, ait une puissance ferme et stable. Il peut bien tromper une fois, et réaliser par hasard une partie de ses espérances ; mais bientôt il se démasque, et ne tarde pas à voir l'édifice de sa fortune se dissoudre et s'écrouler. Et comme, pour être durables, une maison, un bâtiment quelconque, doivent avoir un fondement solide ; de même, pour être constamment heureuse, une entreprise doit avoir pour principe et pour base la justice et la vérité : et c'est par là que manquent toutes celles de Philippe.

tifs que l'orateur vient d'exposer. Transition au troi-motif.

Je dis d'abord que vous devez secourir Olynthe, et la secourir le plus promptement, le plus efficacement qu'il vous sera possible. Je dis en second lieu que vous devez envoyer des députés aux

πειν, ἢ τοὺς μὲν διδάξει ταῦτα, τοὺς δὲ παροξυνεῖ· καὶ γὰρ νῦν εἰσιν ἐψηφισμένοι Παγασὰς ἀπαιτεῖν, καὶ περὶ Μαγνησίας λόγους ποιεῖσθαι. Σκοπεῖσθε μέν τοι τοῦτο, ὦ· ἄνδρες Ἀθηναῖοι, ὅπως μὴ λόγους ἐροῦσι μόνον οἱ παρ' ἡμῶν πρέσβεις, ἀλλὰ καὶ ἔργον τι δεικνύειν ἕξουσιν, ἐξεληλυθότων ἡμῶν ἀξίως τῆς πόλεως καὶ ὄντων ἐπὶ τοῖς πράγμασιν· ὡς ἅπας μὲν λόγος, ἂν ἀπῇ τὰ πράγματα, μάταιόν τι φαίνεται καὶ κενὸν, μάλιστα δὲ ὁ παρὰ τῆς ἡμετέρας πόλεως. Ὅσῳ γὰρ ἑτοιμότατ' αὐτῷ δοκοῦμεν χρῆσθαι, τοσούτῳ μᾶλλον ἀπιστοῦσι πάντες αὐτῷ. Πολλὴν δὲ τὴν μετάστασιν καὶ μεγάλην δεικτέον τὴν μεταβολὴν, εἰσφέροντας, ἐξιόντας, ἅπαντα ποιοῦντας ἑτοίμως, εἴπερ τις ὑμῖν προςέξει τὸν νοῦν. Κἂν ταῦτα ἐθελήσητε, ὡς προςήκει καὶ δεῖ, περαίνειν, οὐ μόνον, ὦ ἄνδρες Ἀθηναῖοι, τὰ συμμαχικὰ ἀσθενῶς καὶ ἀπίστως ἔχοντα φανήσεται Φιλίππῳ, ἀλλὰ καὶ τὰ τῆς οἰκείας ἀρχῆς καὶ δυνάμεως κακῶς ἔχοντα ἐξελεγχθήσεται.

TROISIÈME MOTIF. *La Macédoine est faible par elle-*

Ὅλως μὲν γὰρ ἡ Μακεδονικὴ δύναμις καὶ ἀρχὴ, ἐν μὲν προςθήκης μέρει, ἐστί τις οὐ σμικρὰ (οἷον ὑπῆρξέ ποθ' ὑμῖν ἐπὶ Τιμοθέου πρὸς Ὀλυνθίους [1]· πάλιν αὖ πρὸς Ποτίδαιαν Ὀλυνθίοις ἐφάνη τι τοῦτο συναμφότερον· νυνὶ δὲ Θετταλοῖς νοσοῦσι καὶ στασιάζουσι καὶ τεταραγμένοις ἐπὶ τὴν τυραννικὴν οἰκίαν [2] ἐβοήθησε), καὶ ὅπη τις ἂν, οἶμαι, προςθῇ κἂν μικρὰν δύναμιν, πάντ' ὠφελεῖ· αὐτὴ δὲ καθ' αὐτὴν ἀσθενὴς καὶ πολλῶν κακῶν ἐστι μεστή. Καὶ γὰρ οὗ-

1. *Multa hujus sunt præclare facta, sed hæc maxime illustria : Olynthios et Byzantios bello subegit.* CORN. NEP. *Timoth. vita, cap.* 1.

Thessaliens, pour instruire les uns et animer les autres : nous avons qu'ils ont résolu de redemander Pagase, et de faire valoir leurs droits sur Magnésie. Cependant, Athéniens, que vos députés ne se présentent pas avec de simples paroles; qu'ils annoncent des faits de votre part; qu'on sache que vous vous êtes mis en campagne avec un courage digne de vous, et que vous êtes sérieusement occupés des affaires. Car si toute parole, sans les effets, n'est qu'un vain son, elle doit paraître suspecte, surtout dans la bouche de nos citoyens, qui, plus habiles à parler, inspirent par cela même moins de confiance. Il faut donc changer de système et de conduite, contribuer de nos fortunes, payer de nos personnes, nous porter à tout avec ardeur; sans quoi, on ne nous écoutera pas. Mais si nous agissons comme il est convenable et nécessaire, nous verrons la faiblesse et la méfiance des alliés de Philippe, en même temps que nous découvrirons les vices intérieurs de ses États et de sa puissance.

même, et n'a de force qu'unie à d'autres peuples.

En général, les forces de la Macédoine, unies à d'autres, ne sont pas méprisables (vous l'avez éprouvé vous-mêmes, lorsque, sous la conduite de Timothée, vous marchâtes contre les Olynthiens; les Olynthiens, à leur tour, en ont senti les effets lorsqu'ils assiégèrent Potidée; les Macédoniens viennent encore de secourir, contre la famille des tyrans, les Thessaliens livrés à la discorde et déchirés par les factions. Le poids le plus léger, ajouté de part ou d'autre, fait pencher la balance). Mais de sa nature la Macédoine est faible, elle pé-

2. Tisiphonus, Pytholaüs, Lycophon, tyrans de Phères, firent revivre la tyrannie d'Alexandre leur père, qu'ils avaient massacré, de concert avec sa femme.

τος ἅπασι τούτοις, οἷς ἄν τις μέγάν αὐτὸν ἡγήσαιτο,
τοῖς πολέμοις καὶ ταῖς στρατείαις, ἔτ' ἐπισφαλεστέ-
ραν αὐτὴν, ἢ ὑπῆρχε φύσει, κατεσκεύακεν ἑαυτῷ.

QUATRIÈME MOTIF. *Les Macédoniens ne partagent*

Μὴ γὰρ οἴεσθε, ὦ ἄνδρες Ἀθηναῖοι, τοῖς αὐτοῖς
Φίλιππόν τε χαίρειν καὶ τοὺς ἀρχομένους· ἀλλ' ὁ μὲν
δόξης ἐπιθυμεῖ, καὶ τοῦτο ἐζήλωκε καὶ προῄρηται,
πράττων καὶ κινδυνεύων, ἂν συμβῇ τι, παθεῖν, τὴν
τοῦ διαπράξασθαι ταῦτα, ἃ μηδεὶς πώποτέ ἄλλος
Μακεδόνων βασιλεὺς, δόξαν ἀντὶ τοῦ ζῆν ἀσφαλῶς
ᾑρημένος· τοῖς δὲ τῆς μὲν φιλοτιμίας τῆς ἀπὸ τούτων οὐ μέτεστι· κοπτόμενοι δὲ ἀεὶ ταῖς στρατείαις
ταύταις ταῖς ἄνω τε καὶ κάτω, λυποῦνται καὶ συν-
εχῶς ταλαιπωροῦσιν, οὔτ' ἐπὶ τοῖς ἔργοις οὔτ' ἐπὶ
τοῖς αὐτῶν ἰδίοις ἐώμενοι διατρίβειν, οὔθ' ὅσ' ἂν πο-
ρίσωσιν οὕτως, ὅπως ἂν δύνωνται, ταῦτ' ἔχοντες δια-
θέσθαι, κεκλεισμένων τῶν ἐμπορίων τῶν ἐν τῇ χώρᾳ
διὰ τὸν πόλεμον.

CINQUIÈME MOTIF. *Jaloux du mérite d'áutrui, en-
chés, Philippe, par ses vices, indispose contre lui
pres sujets.*

Οἱ μὲν οὖν πολλοὶ Μακεδόνων πῶς ἔχουσι Φιλίππῳ, ἐκ τούτων ἄν τις σκέψαιτο οὐ χαλεπῶς· οἱ
δὲ δὴ περὶ αὐτὸν ὄντες ξένοι καὶ πεζέταιροι, δόξαν
μὲν ἔχουσιν, ὡς εἰσι θαυμαστοὶ καὶ συγκεκροτημένοι
τὰ τοῦ πολέμου· ὡς δ' ἐγὼ τῶν ἐν αὐτῇ τῇ χώρᾳ
γεγενημένων τινὸς ἤκουον, ἀνδρὸς οὐδαμῶς οἴουτε
ψεύδεσθαι, οὐδενῶν εἰσι βελτίους. Εἰ μὲν γάρ τις
ἀνήρ ἐστιν ἐν αὐτοῖς, οἷος ἔμπειρος πολέμου καὶ ἀγώ-
νων, τούτους μὲν φιλοτιμίᾳ πάντας ἀπωθεῖν αὐτὸν

che par bien des côtés; et ces guerres, ces combats que plusieurs admirent comme le principe de la grandeur de son roi, n'ont fait que rendre plus fragile encore cette nouvelle puissance.

point la passion de leur roi pour la guerre.

Car ne vous imaginez pas que Philippe et ceux qui lui obéissent, soient animés des mêmes sentiments: Lui, ne respire que la gloire, ne voit et ne poursuit que la gloire au milieu des périls et des travaux; résolu de tout souffrir pour elle, préférant aux douceurs d'une vie tranquille l'honneur d'avoir exécuté ce qu'aucun roi de Macédoine n'avait encore entrepris : ceux qu'il commande sont bien loin de partager l'ambition qui le dévore : las de courir de contrée en contrée pour des expéditions sans cesse renaissantes, ils détestent et maudissent une guerre qui les empêche de cultiver leurs champs, de vaquer à leurs affaires domestiques, et de s'occuper, dans un pays dont les ports sont fermés de toutes parts, du commerce des denrées qu'ils ont recueillies comme ils ont pu.

nemi de la vérité, entouré de flatteurs et de débauches étrangers qu'il tient à son service, et ses pro-

De là vous pouvez juger sans peine comment sont disposés à son égard le plus grand nombre de ses sujets. Quant aux étrangers qu'il tient à son service, et à cette infanterie qui compose sa garde, ils passent, il est vrai, pour d'excellents soldats; mais, si j'en crois le rapport d'un homme digne de foi, qui est du pays même, ils ne l'emportent en rien sur les autres. Si dans le nombre, me disait-il, il s'en trouve qui se distinguent par leur courage et par leurs talents, offensé de leur

ἔφη, βουλόμενον πάντα αὐτοῦ δοκεῖν εἶναι τὰ ἔργα·
πρὸς γὰρ αὖ τοῖς ἄλλοις καὶ τὴν φιλοτιμίαν τἀνδρὸς
ἀνυπέρβλητον εἶναι· εἰ δέ τις σώφρων ἢ δίκαιος ἄλ-
λῶς, τὴν καθ᾽ ἡμέραν ἀκρασίαν τοῦ βίου καὶ μέθην
καὶ κορδακισμοὺς οὐ δυνάμενος φέρειν, παρεωρᾶσθαι
καὶ ἐν οὐδενὸς εἶναι μέρει τὸν τοιοῦτον· λοιποὺς δὴ
περὶ αὐτὸν εἶναι λῃστὰς καὶ κόλακας καὶ τοιούτους
ἀνθρώπους, οἵους μεθυσθέντας ὀρχεῖσθαι τοιαῦτα οἷα
ἐγὼ νῦν ὀκνῶ πρὸς ὑμᾶς ὀνομάσαι. Δῆλον δ᾽ ὅτι
ταῦτ᾽ ἐστὶν ἀληθῆ. Καὶ γὰρ οὓς ἐνθένδε πάντες ἀπ-
ήλαυνον ὡς πολὺ τῶν θαυματοποιῶν ἀσελγεστέρους
ὄντας, Καλλίαν ἐκεῖνον τὸν δημόσιον [1], καὶ τοιούτους ἀνθρώπους μίμους γελοίων, καὶ ποιητὰς αἰσχρῶν
ᾀσμάτων, ὧν εἰς τοὺς συνόντας ποιοῦσιν ἕνεκα τοῦ
γελασθῆναι, τούτους ἀγαπᾷ καὶ περὶ αὐτὸν ἔχει.

SIXIÈME MOTIF. *La guerre, en approchant des fron-
désordres de la vie de Philippe, et tous les*

Καί τοι ταῦτα εἰ καὶ μικρά τις ἡγεῖται, μεγάλα,
ὦ ἄνδρες Ἀθηναῖοι, δείγματα τῆς ἐκείνου γνώμης καὶ
κακοδαιμονίας ἐστὶ τοῖς εὖ φρονοῦσιν. Ἀλλ᾽, οἶμαι,
νῦν μὲν ἐπισκοτεῖ τούτοις τὸ κατορθοῦν· αἱ γὰρ εὐ-
πραξίαι δειναὶ συγκρύψαι καὶ συσκιάσαι τὰ τοιαῦτα
ὀνείδη· εἰ δέ τι πταίσειε, τότε ἀκριβῶς αὐτοῦ πάντ᾽
ἐξετασθήσεται [2]. Δοκεῖ δ᾽ ἔμοιγε, ὦ ἄνδρες Ἀθηναῖοι,
δείξειν οὐκ εἰς μακράν, ἂν οἵ τε Θεοὶ θέλωσι καὶ
ὑμεῖς βούλησθε. Ὥσπερ γὰρ ἐν τοῖς σώμασιν ἡμῶν,

1. Il y avait chez les Athéniens, de même qu'à Rome, des
esclaves appartenant au public; on les employait à différents
services; ils servaient de domestiques aux magistrats. Leur
tort paraissait beaucoup plus supportable que celui des esclaves
particuliers; ils recevaient du public des rétributions an-
nuelles. Voyez PLIN. *Ep.*, X, 30, 40; et TIT.-LIV. IX.

gloire, et voulant seul paraître, Philippe les écarte ; car, sans parler de ses autres vices, il est jaloux jusqu'à la fureur. En est-il quelqu'un, me disait-il encore, trop pudique et trop sage pour approuver la licence de ses mœurs , pour partager ses excès et se prêter à ses danses infâmes ; il le néglige et n'en fait aucun cas. Il n'aime et n'admet auprès de lui que des brigands , des flatteurs, des scélérats, qui , dans l'ivresse, se livrent à des horreurs dont je rougirais de parler. Aussi d'indignes baladins, chassés d'ici pour leurs vices, un Callias, esclave public, et ses pareils, méprisables bouffons, faiseurs de chansons obscènes, diseurs de bons mots, aux traits desquels Philippe abandonne ses convives, tels sont les gens avec lesquels il vit, et les seuls qui lui plaisent.

tières de Macédoine, va mettre à découvert tous les maux intérieurs de son pays. Belle comparaison.

Ces faits paraîtront peut-être peu importants aux yeux de quelques hommes frivoles ; mais, au tribunal des gens sensés, ils prouveront, ô Athéniens, toute la folie et toute la corruption de Philippe. Mais, je le vois, l'éclat des succès couvre aujourd'hui ses vices ; le voile de la prospérité cache merveilleusement des actions si honteuses : mais, au moindre revers, vous verrez paraître au grand jour toutes ses infamies. Et ce moment n'est pas loin, si les dieux le veulent, et si vous ne vous y refusez pas. Dans le corps humain , tant

* * *

2.   Vous êtes les maîtres du monde ;
         Votre gloire nous éblouit :
         Mais , au moindre revers funeste,
         Le masque tombe, l'homme reste,
         Et le héros s'évanouit.   J. B. ROUSSEAU.

ἕως μὲν ἂν ἐῤῥωμένος ᾖ τις, οὐδὲν ἐπαισθάνεται τῶν
καθέκαστα σαθρῶν· ἐπὰν δὲ ἀῤῥώστημά τι συμϐῇ,
πάντα κινεῖται, κἂν ῥῆγμα, κἂν στρέμμα, κἂν ἄλλο
τι τῶν ὑπαρχόντων σαθρὸν ᾖ· οὕτω καὶ τῶν πόλεων
καὶ τῶν τυράννων, ἕως μὲν ἂν ἔξω πολεμῶσιν,
ἀφανῆ τὰ κακὰ τοῖς πολλοῖς ἐστιν, ἐπειδὰν δὲ ὅμορος
πόλεμος συμπλακῇ, πάντα ἐποίησεν ἔκδηλα.

Septième motif. *Les Athéniens ont plus de raisons
dieux. S'ils ont éprouvé des disgrâces, ils ne
et le ciel les aidera.*

Εἰ δέ τις ὑμῶν, ὦ ἄνδρες Ἀθηναῖοι, τὸν Φίλιππον
εὐτυχοῦντα ὁρῶν, ταύτῃ φοϐερὸν προςπολεμῆσαι
νομίζει, σώφρονος μὲν ἀνθρώπου λογισμῷ χρῆται·
μεγάλη γὰρ ῥοπὴ, μᾶλλον δὲ, ὅλον ἡ τύχη παρὰ
πάντ᾽ ἐστὶ τὰ τῶν ἀνθρώπων πράγματα. Οὐ μὴν
ἀλλ᾽ ἔγωγε, εἴ τις αἵρεσίν μοι δοίη, τὴν τῆς ὑμετέρας
πόλεως τύχην ἂν ἑλοίμην (ἐθελόντων ἃ προςήκει
ποιεῖν ὑμῶν αὐτῶν, καὶ κατὰ μικρὸν), ἢ τὴν ἐκείνου·
πολὺ γὰρ πλείους ἀφορμὰς εἰς τὸ τὴν παρὰ τῶν Θεῶν
εὔνοιαν ἔχειν ὁρῶ ὑμῖν ἐνούσας ἢ ἐκείνῳ. Ἀλλ᾽, οἶμαι,
καθήμεθα οὐδὲν ποιοῦντες· οὐκ ἔνι δ᾽ αὖ τὸν ἀργοῦντα
οὐδὲ φίλοις ἐπιτάττειν ὑπὲρ αὐτοῦ τι ποιεῖν, μή τι
γε δὴ τοῖς Θεοῖς. Οὐ δὴ θαυμαστόν ἐστιν εἰ στρα-
τευόμενος καὶ πονῶν ἐκεῖνος αὐτὸς καὶ παρὼν ἅπασι,
καὶ μηδένα καιρὸν μηδ᾽ ὥραν παραλείπων, ὑμῶν
μελλόντων καὶ ψηφιζομένων καὶ πυνθανομένων πε-
ριγίγνεται. Οὐ δὴ θαυμάζω τοῦτο ἐγώ· τοὐναντίον
γὰρ ἦν θαυμαστὸν, εἰ μηδὲν ποιοῦντες ἡμεῖς ὧν τοῖς
πολεμοῦσι προςήκει, τοῦ πάντα ποιοῦντος ἃ δεῖ πε-
ριῆμεν. Ἀλλ᾽ ἐκεῖνο θαυμάζω, εἰ Λακεδαιμονίοις μέν

que les forces et la santé se soutiennent, les
maux des parties affectées ne se font pas sentir;
mais, à la première maladie qui survient, luxation,
fracture, tous les vices se réveillent et sont en mou-
vement : il en est de même des monarchies et des
autres Etats, tout paraît sain et calme tant que la
guerre est éloignée ; mais au moment qu'elle ap-
proche des frontières , le désordre se manifeste et
tous les maux se découvrent.

que leur ennemi de compter sur la protection des
doivent en accuser que leur inertie : qu'ils s'aident,

En voyant Philippe prospérer, on a raison,
j'en conviens, de le juger un ennemi redoutable ;
car la fortune a une grande influence , ou plutôt
la fortune est tout dans les choses d'ici-bas. Cependant, si j'avais à choisir de votre fortune ou de la
sienne, et que je vous visse déterminés à faire seulement une partie de ce que vous devez faire, je n'hési-
terais point, je prendrais la vôtre , assuré que le secours du ciel vous est plus dû qu'à lui. Mais vous
vous reposez sans rien faire , et sans songer que
l'indolent ne peut prétendre à l'affection et au secours des hommes, encore moins à la faveur et à
la protection des dieux. Ne soyons donc pas surpris
qu'un monarque, marchant à la tête de ses troupes , partageant leurs fatigues, se trouvant partout
en personne , ne négligeant aucune occasion, aucun moment favorable, l'emporte sur nous qui
temporisons , qui délibérons, qui perdons à demander ce qui se passe, le temps où nous devrions
agir. Quant à moi, je ne vois rien là qui m'étonne ;
au contraire, je trouverais bien plus étonnant que
des hommes qui ne font rien de ce qu'ils devraient
faire, eussent l'avantage sur un prince qui se porte à
tout avec ardeur. Ce qui m'étonne véritablement, ô

ποτε, ὦ ἄνδρες Ἀθηναῖοι, ὑπὲρ τῶν Ἑλληνικῶν δικαίων ἀντήρατε· καὶ πολλὰ ἴδια πλεονεκτῆσαι πολλάκις ὑμῖν ἐξὸν, οὐκ ἠθελήσατε, ἀλλ' ἵνα οἱ ἄλλοι
τύχωσι τῶν δικαίων, τὰ ὑμέτερα αὐτῶν ἀνηλίσκετε
εἰσφέροντες, καὶ προεκινδυνεύετε στρατευόμενοι· νυνὶ
δὲ ὀκνεῖτε ἐξιέναι, καὶ μέλλετε εἰσφέρειν ὑπὲρ τῶν
ὑμετέρων αὐτῶν κτημάτων· καὶ τοὺς μὲν ἄλλους
σεσώκατε πολλάκις πάντας καὶ καθ' ἕκαστον ἐν μέρει, τὰ δὲ ὑμέτερα αὐτῶν ἀπολωλεκότες κάθησθε.
Ταῦτα θαυμάζω· καὶ ἔτι πρὸς τούτοις, εἰ μηδὲ εἷς
ὑμῶν, ὦ ἄνδρες Ἀθηναῖοι, δύναται λογίσασθαι πόσον
πολεμεῖτε χρόνον Φιλίππῳ, καὶ τί ποιούντων ὑμῶν,
ἅπας ὁ χρόνος διελήλυθεν οὗτος. Ἴστε γὰρ δήπου τοῦθ'
ὅτι, μελλόντων ὑμῶν, ἑτέρους τινὰς ἐλπιζόντων
πράξειν, αἰτιωμένων ἀλλήλους, κρινόντων, πάλιν
ἐλπιζόντων, σχεδὸν ταῦτα ἅπερ νυνὶ ποιούντων, ὁ
χρόνος ἅπας διελήλυθεν.

PROPOSITION. *L'orateur demande que chacun paye de*
gne, puni ou récom-

Εἶτα οὕτως ἀγνωμόνως ἔχετε, ὦ ἄνδρες Ἀθηναῖοι,
ὥστε δι' ὧν ἐκ χρηστῶν φαῦλα τὰ πράγματα γέγονε
τῆς πόλεως, διὰ τῶν αὐτῶν τούτων ἐλπίζετε πράξεων,
ἐκ φαύλων αὐτὰ χρηστὰ γενήσεσθαι! Ἀλλ' οὔτ' εὔλο-
γον, οὔτ' ἔχον ἐστὶ φύσιν τοῦτό γε· πολὺ γὰρ ῥᾷον
ἔχοντας φυλάττειν ἢ κτήσασθαι πάντα πέφυκε. Νυνὶ
δὲ, ὅτι μὲν φυλάξωμεν, οὐδέν ἐστιν ὑπὸ τοῦ πολέμου λοιπὸν τῶν πρότερον, κτήσασθαι δὲ δεῖ. Αὐτῶν
οὖν ὑμῶν τοῦτο ἔργον ἤδη. Φημὶ δὴ δεῖν εἰσφέρειν
χρήματα, αὐτοὺς ἐξιέναι προθύμως, μηδένα αἰτιᾶ-
σθαι πρὶν ἂν τῶν πραγμάτων κρατήσητε· τη-

Athéniens, c'est que, par le passé, n'écoutant que votre courage et votre générosité, vous ayez, pour le seul bien de la Grèce, déclaré la guerre à Lacédémone, que vous ayez sacrifié des avantages certains, prodigué vos finances, exposé vos personnes pour l'intérêt d'autrui ; et que présentement, qu'il s'agit de vos intérêts propres, vous répugniez à vous mettre en campagne ; vous refusiez de contribuer : enfin, qu'après avoir sauvé tant de fois la Grèce en général et chacun de ses peuples en particulier, vous restiez tranquilles lorsqu'on vous dépouille vous-mêmes : c'est là ce qui m'étonne. Et ce qui m'étonne encore, c'est qu'aucun de vous ne se demande depuis combien de temps vous êtes en guerre avec Philippe, et à quoi vous avez employé ce temps. Vous l'avez employé à différer au lieu d'agir, à espérer que d'autres agiraient pour vous, à vous faire mutuellement des reproches, à vous citer en jugement les uns les autres, à vous repaître de nouvelles espérances, à faire à peu près ce que vous faites aujourd'hui.

sa fortune et de sa personne, et soit, après la campapensé selon son mérite.

Et après cela vous aurez assez peu de raison pour croire qu'une conduite qui, de bonnes qu'elles étaient, a rendu vos affaires mauvaises, les rendra bonnes de mauvaises qu'elles sont ! Un tel sentiment n'est pas raisonnable. La nature a voulu qu'il fût plus facile de conserver que d'acquérir : or la guerre qui vous a enlevé votre bien, ne vous laisse que la ressource de le reprendre ; et cet ouvrage ne regarde que vous. Je dis donc que vous devez contribuer de vos fortunes, servir vous-mêmes avec ardeur, ne poursuivre aucune

νικαῦτα δὲ ἀπ' αὐτῶν τῶν ἔργων κρίναντας, τοὺς μὲν ἀξίους ἐπαίνου τιμᾶν, τοὺς δὲ ἀδικοῦντας κολάζειν, τὰς προφάσεις δ' ἀφελεῖν, καὶ τὰ καθ' ὑμᾶς ἐλλείμματα. Οὐ γάρ ἐστι πικρῶς ἐξετάσαι, τί πέπρακται τοῖς ἄλλοις, ἂν μὴ παρ' ὑμῶν αὐτῶν πρῶτον ὑπάρξῃ τὰ δέοντα.

MOTIFS. 1° *Attacher les citoyens à l'intérêt public,*
divisions qui

Τίνος γὰρ ἕνεκα, ὦ ἄνδρες Ἀθηναῖοι, νομίζετε τοῦτον μὲν φεύγειν τὸν πόλεμον πάντας ὅσους ἂν ἐκπέμψητε στρατηγοὺς, ἰδίᾳ δ' εὑρίσκειν πολέμους (εἰ δεῖ τι τῶν ὄντων καὶ περὶ τῶν στρατηγῶν εἰπεῖν); ὅτι ἐνταῦθα μέν ἐστι τὰ ἆθλα, ὑπὲρ ὧν ἐστιν ὁ πόλεμος, ὑμέτερα (Ἀμφίπολις ἂν ληφθῇ, παραχρῆμα αὐτὴν ὑμεῖς κομιεῖσθε), οἱ δὲ κίνδυνοι τῶν ἐφεστηκότων ἴδιοι, μισθὸς δ' οὐκ ἔστιν· ἐκεῖ δὲ κίνδυνοι μὲν ἐλάττους, τὰ δὲ λήμματα τῶν ἐφεστηκότων καὶ τῶν στρατιωτῶν, Λάμψακος, Σίγειον [1], τὰ πλοῖα ἃ συλῶσιν. Ἐπὶ οὖν τὸ λυσιτελοῦν αὐτοῖς ἕκαστοι χωροῦσιν. Ὑμεῖς δὲ, ὅταν μὲν εἰς τὰ πράγματα ἀποβλέψητε φαύλως ἔχοντα, τοὺς ἐφεστηκότας κρίνετε· ὅταν δὲ δόντες λόγον, τὰς ἀνάγκας ἀκούσητε, τούτους ἀφίετε. Περίεστι τοίνυν ἡμῖν ἀλλήλοις ἐρίζειν καὶ διεστάναι, τοῖς μὲν ταῦτα πεπεισμένοις, τοῖς δὲ ταῦτα· τὰ κοινὰ δὲ ἔχειν φαύλως.

1. Charès, qui, chargé d'une expédition par les Athéniens, était allé, sans ordre, secourir Artabaze, satrape de l'Asie Mineure, reçut, en échange de ce service, deux villes du gouvernement de ce rebelle, Lampsaque et Sigée. Poursuivi

accusation avant que vous ayez pris en main vos affaires. Alors, jugeant chacun d'après ses œuvres, punissez qui sera en faute, récompensez qui le méritera; et pour ce qui vous regarde, ne fournissez aucun sujet, pas même de prétexte, de se plaindre de vous: car, pour avoir droit d'être sévère envers les autres, il faut n'avoir rien à se reprocher.

par leur intérêt particulier; 2° mettre un terme aux agitent l'État.

D'où vient, je vous prie, Athéniens, que les hommes mis à la tête de vos troupes abandonnent les guerres dont vous les chargez, et s'en vont combattre ailleurs? C'est, puisqu'il faut vous le dire, c'est que, dans les guerres de la république, le prix de la victoire vous est réservé tout entier; par exemple, si l'on prend Amphipolis, c'est pour vous seuls que cette ville est prise; les généraux n'ont pour eux que les dangers, sans avoir même de quoi payer le soldat: au lieu que, dans les expéditions étrangères, le péril est moins grand, et le butin se partage: tés moin Lampsaque, Sigée, et les vaisseaux enlevé au profit des chefs et de leurs troupes. Ainsi chacun va du côté qui lui présente les plus grands avantages. Quant à vous, si, jetant les yeux sur vos affaires, vous voyez qu'elles ont une mauvaise issue, vous vous plaignez de ceux qui étaient chargés de les faire réussir; on les accuse, ils se justifient, et, sur l'exposé de leurs raisons, vous les renvoyez absous. Après quoi on se dispute, on se divise, chacun prend parti, et tout va mal.

juridiquement pour ce fait et d'autres semblables, il n'osa d'abord comparaître; mais plus tard sa faction eut le crédit de le remettre à la tête des armées.

Il veut encore, pour les mêmes raisons, qu'on réta-
égalité entre

Πρότερον μὲν γὰρ, ὦ ἄνδρες Ἀθηναῖοι, εἰσφέρετε κατὰ συμμορίας, νυνὶ δὲ πολιτεύεσθε κατὰ συμμο-ρίας· ῥήτωρ ἡγεμὼν ἑκατέρων, καὶ στρατηγὸς ὑπὸ τούτῳ, καὶ οἱ βοηθησόμενοι οἱ τριακόσιοι· οἱ δὲ ἄλλοι προςνενέμησθε, οἱ μὲν ὡς τούτους, οἱ δὲ ὡς ἐκείνους. Δεῖ δὴ ταῦτα ἐπανέντας, καὶ ὑμῶν αὐτῶν ἔτι καὶ νῦν γενομένους, κοινὸν καὶ τὸ λέγειν καὶ τὸ βουλεύεσθαι καὶ τὸ πράττειν ποιῆσαι. Εἰ δὲ τοῖς μὲν, ὥςπερ ἐκ τυραννίδος ὑμῖν ἐπιτάττειν ἀποδώσετε, τοῖς δὲ ἀναγκάζεσθαι τριηραρχεῖν, εἰσφέρειν, στρατεύεσθαι, τοῖς δὲ ψηφίζεσθαι κατὰ τούτων μόνον, ἄλλο δὲ μηδοτιοῦν συμπονεῖν· οὐχὶ γενήσεται τῶν δεόντων ὑμῖν οὐδὲν ἐν καιρῷ· τὸ γὰρ ἠδικημένον αἰεὶ μέρος ἐλλείψει, εἶθ' ὑμῖν τούτους κολάζειν ἀντὶ τῶν ἐχθρῶν περιέσται.

PÉRORAISON. *Il insiste sur les mesures qu'il vient de*
suivre, qu'ils en obtiendront

Λέγω δὴ κεφάλαιον, πάντας εἰσφέρειν, ἀφ' ὧν ἕκαστος ἔχει, τὸ ἴσον· πάντας ἐξιέναι κατὰ μέρος ἕως ἂν ἅπαντες στρατεύσησθε· πᾶσι τοῖς παριοῦσι λόγον διδόναι· καὶ τὰ βέλτιστα, ὧν ἂν ἀκούσητε, αἱρεῖσθαι, μὴ ἃ ἂν ὁ δεῖνα ἢ ὁ δεῖνα εἴπῃ. Κἂν ταῦτα ποιῆτε, οὐ τὸν εἰπόντα μόνον παραχρῆμα ἐπαινέ-σεσθε, ἀλλὰ καὶ ὑμᾶς αὐτοὺς ὕστερον, πολλῷ βέλτιον τῶν ὅλων πραγμάτων ὑμῖν ἐχόντων.

blisse dans les délibérations publiques la plus parfaite
tous les citoyens.

Autrefois, Athéniens, c'était par classes que
l'on contribuait; aujourd'hui c'est par classes que
l'on délibère. Chaque classe a son orateur, chaque orateur a son général; les trois cents se tien-
nent comme en réserve; et vous, comme le corps
d'armée, vous vous rangez sous divers chefs, et
combattez pour les uns ou pour les autres. Cependant il conviendrait que, vous affranchissant de
cette servitude, et résolus à ne plus dépendre
que de vous-mêmes, vous déterminassiez que chaque citoyen, sans distinction, parlera, votera, agira
pour la patrie. Car si, autorisant les uns à nous
commander en maîtres, vous obligez les autres à
équiper des vaisseaux, à fournir des contributions,
à marcher à la guerre, tandis qu'un petit nombre,
débarrassés de tout soin, n'auront qu'à porter contre ceux-ci des décrets, jamais vous ne réunirez
vos forces à propos : les particuliers que vous aurez surchargés, resteront en arrière, et vous serez
dans le cas de poursuivre vos citoyens au lieu de
combattre vos ennemis.

proposer, et promet à ses concitoyens, s'ils veulent les
les plus heureux résultats.

Je dis donc, en somme, que chacun doit contribuer à proportion de sa fortune; que tous doivent
servir un certain temps et marcher à leur tour;
qu'il faut laisser également à chacun la liberté de
dire son avis; l'adopter quand il est le meilleur,
et non quand tel ou tel l'a donné. Si vous prenez
ce parti, Athéniens, vous n'applaudirez pas seulement l'orateur sur-le-champ, mais par la suite
vous vous applaudirez vous-mêmes du change-
ment heureux arrivé dans vos affaires.

ΟΛΥΝΘΙΑΚΟΣ

ΛΟΓΟΣ ΤΡΙΤΟΣ.

Sommaire. — Les mesures proposées par Démosthène avaient été en partie adoptées et mises à exécution. Deux mille hommes, sous la conduite de Charès, avaient fait une descente en Macédoine, et battu un corps de huit cents hommes, attachés au service de Philippe, occupé lui-même devant Olynthe, qu'il serrait de près. Un si léger avantage avait augmenté la présomption naturelle aux Athéniens ; et, dans leur folle joie, ils pensaient qu'il ne leur restait plus

Exorde ex abrupto. *Les discours tenus par la plu-*
avec les événements : ils parlent en vainqueurs

Οὐχὶ ταὐτὰ παρίσταταί μοι γιγνώσκειν, ὦ ἄνδρες Ἀθηναῖοι, ὅταν τε εἰς τὰ πράγματα ἀποβλέψω, καὶ ὅταν εἰς τοὺς λόγους οὓς ἀκούω· τοὺς μὲν γὰρ λόγους περὶ τοῦ τιμωρήσασθαι Φίλιππον ὁρῶ γιγνομένους, τὰ δὲ πράγματα εἰς τοῦτο προήκοντα, ὥςτε, ὅπως μὴ πεισώμεθα αὐτοὶ πρότερον κακῶς, σκέψασθαι δέον. Οὐδὲν οὖν ἄλλο μοι δοκοῦσιν οἱ τὰ τοιαῦτα λέγοντες, ἢ τὴν ὑπόθεσιν περὶ ἧς βουλεύεσθε, οὐχὶ τὴν οὖσαν παριστάντες ὑμῖν, ἁμαρτάνειν. Ἐγὼ δ', ὅτι μέν ποτε ἐξῆν τῇ πόλει, καὶ τὰ αὑτῆς ἔχειν ἀσφαλῶς, καὶ Φίλιππον τιμωρήσασθαι, καὶ μάλα ἀκριβῶς οἶδα· ἐπ' ἐμοῦ γὰρ, οὐχὶ πάλαι, γέγονε ταῦτα ἀμφότερα. Νῦν μέντοι πέπεισμαι τοῦθ' ἱκανὸν προλαβεῖν ἡμῖν εἶναι, τὴν πρώτην, ὅπως τοὺς συμμάχους σώσωμεν· ἐὰν γὰρ τοῦτο βεβαίως ὑπάρξῃ, τότε καὶ περὶ τοῦ τίνα τρόπον τιμωρήσεταί τις ἐκεῖνον, ἐξέσται σκοπεῖν· πρὶν δὲ τὴν ἀρχὴν ὀρθῶς ὑποθέσθαι, μάταιον ἡγοῦμαι περὶ τῆς τελευτῆς ὁντινοῦν ποιεῖσθαι λόγον.

TROISIÈME
OLYNTHIENNE.

qu'à dicter au roi de Macédoine les conditions de la paix. L'orateur, en réduisant à sa juste valeur le succès obtenu par Charès, en tire parti pour engager ses concitoyens à poursuivre la guerre avec ardeur, et pour combattre plus vivement qu'il ne l'avait encore fait, les abus qui s'étaient glissés dans plusieurs parties de l'administration, et surtout dans la loi relative aux distributions du théâtre.

part des orateurs ne sont nullement en rapport lorsqu'il faudrait songer aux moyens de vaincre.

Mes idées peuvent-elles s'accorder, ô Athéniens, quand je vois l'état de nos affaires et quand j'entends les discours de nos orateurs? Ces discours nous exhortent à réprimer les injustices de Philippe, et l'état de nos affaires demande que nous songions d'abord à nous garantir nous-mêmes de ses insultes. Ceux qui parlent d'attaquer le roi de Macédoine, me semblent donc se tromper entièrement et abandonner le véritable objet de la délibération. Je sais que dans le principe Athènes pouvait à la fois défendre ses domaines et attaquer le monarque : j'ai vu, ce temps n'est pas éloigné, qu'elle pouvait l'un et l'autre. Quoi qu'il en soit, e persiste à croire qu'il nous suffit, avant tout, de prendre des mesures pour sauver nos alliés. Ce point une fois obtenu, nous penserons aux moyens de réduire Philippe. En général, avant d'avoir établi ce qui doit précéder, il est inutile de raisonner sur ce qui doit suivre.

PRÉCAUTIONS ORATOIRES *pour préparer le*

Ὁ μὲν οὖν παρὼν καιρὸς, ὦ ἄνδρες Ἀθηναῖοι, εἴπερ ποτὲ, καὶ νῦν πολλῆς φροντίδος καὶ βουλῆς δεῖται. Ἐγὼ δὲ οὐχ ὅ τι χρὴ περὶ τῶν παρόντων συμβουλεῦσαι χαλεπώτατον ἡγοῦμαι, ἀλλ' ἐκεῖνο ἀπορῶ, τίνα χρὴ τρόπον, ὦ ἄνδρες Ἀθηναῖοι, πρὸς ὑμᾶς περὶ αὐτῶν εἰπεῖν. Πέπεισμαι γὰρ, ἐξ ὧν παρὼν καὶ ἀκούων σύνοιδα, τὰ πλείω τῶν πραγμάτων ὑμᾶς ἐκπεφευγέναι τῷ μὴ βούλεσθαι τὰ δέοντα ποιεῖν, οὐ τῷ μὴ συνιέναι. Ἀξιῶ δὲ ὑμᾶς, ἂν μετὰ παρρησίας ποιῶμαι τοὺς λόγους, ὑπομένειν, τοῦτο θεωροῦντας, εἴ τ' ἀληθῆ λέγω, καὶ διὰ τοῦτο ἵνα τὰ λοιπὰ βελτίω γένηται. Ὁρᾶτε γὰρ ὡς ἐκ τοῦ πρὸς χάριν δημηγορεῖν ἐνίους, εἰς πᾶν προελήλυθε μοχθηρίας τὰ παρόντα πράγματα. Ἀναγκαῖον δὲ ὑπολαμβάνω μικρὰ τῶν γεγενημένων πρῶτον ὑμᾶς ὑπομνῆσαι.

EXPOSITION. PREMIÈRE PARTIE. *Il faut redoubler d'ef-* *engagée contre Philippe.* PREMIER MOTIF. *C'est* *vorables d'attaquer ce prince, que les Athéniens* *guerre.*

Μέμνησθε, ὦ ἄνδρες Ἀθηναῖοι, ὅτ' ἀπηγγέλθη Φίλιππος ὑμῖν ἐν Θράκῃ, τρίτον ἢ τέταρτον ἔτος τουτὶ, Ἡραῖον [1] τεῖχος πολιορκῶν· τότε τοίνυν μὴν μὲν ἦν μαιμακτηριών. Πολλῶν δὲ λόγων καὶ θορύβου γιγνομένου παρ' ὑμῖν, ἐψηφίσασθε τετταράκοντα τριήρεις καθέλκειν, καὶ τοὺς μέχρι πέντε καὶ τετταράκοντα

---

1. Hérée, forteresse de Thrace, voisine de Méthone, et dépendante des Athéniens.

peuple à entendre le langage de la vérité.

La circonstance présente, Athéniens, exige aujourd'hui plus que jamais une délibération sérieuse et réfléchie. Mais ce que je trouve de difficile, c'est moins le conseil qu'il faut vous donner, que la manière de vous le donner ; et je suis convaincu, d'après ce que j'ai ouï dire et ce que j'ai vu moi-même, que ce n'est pas l'ignorance, mais la négligence qui a ruiné presque toutes vos affaires. Souffrez donc que je vous parle avec franchise, puisque je vous dis la vérité, sans autre intention que de rendre pour la suite votre situation meilleure. Vous le voyez vous-mêmes, ce sont les ménagements nuisibles de quelques orateurs complaisants qui vous ont réduits à l'état où vous êtes. Au reste, il me paraît nécessaire, avant tout, de vous remettre sous les yeux quelques faits passés.

forts pour secourir Olynthe, et soutenir la lutte
pour avoir précédemment négligé les occasions fa-
sont encore aujourd'hui forcés de lui faire la

Vous vous rappelez, sans doute, qu'on vint vous annoncer, il y a trois ou quatre ans, que Philippe assiégeait dans la Thrace Hérée, place forte ; c'était au mois de décembre. Après bien des discours et bien du tumulte, vous décidâtes de mettre en mer quarante vaisseaux ; de faire embarquer toute

ἐτῶν [1] αὐτοὺς ἐμβαίνειν, καὶ τάλαντα ἑξήκοντα εἰςφέρειν. Καὶ μετὰ ταῦτα διελθόντος τοῦ ἐνιαυτοῦ τούτου, ἑκατομβαιὼν, μεταγειτνιὼν, βοηδρομιῶν. Τούτου τοῦ μηνὸς μόλις μετὰ τὰ μυστήρια [2], δέκα ναῦς ἀπεστείλατε ἔχοντα Χαρίδημον [3] κενὰς, καὶ πέντε τάλαντα ἀργυρίου. Ὡς γὰρ ἠγγέλθη Φίλιππος ἀσθενῶν καὶ τεθνεὼς [4] (ἦλθε γὰρ ἀμφότερα), οὐκέτι καιρὸν οὐδένα τοῦ βοηθεῖν νομίσαντες, ἀφήκατε, ὦ ἄνδρες Ἀθηναῖοι, τὸν ἀπόστολον. Ἦν δ' οὗτος ὁ καιρὸς αὐτός· εἰ γὰρ τότε ἐκεῖσε ἐβοηθήσαμεν, ὥςπερ ἐψηφισάμεθα προθύμως, οὐκ ἂν ἠνώχλει νῦν ἡμῖν ὁ Φίλιππος τότε σωθείς. Τὰ μὲν δὴ τότε πραχθέντα οὐκ ἂν ἄλλως ἔχοι· νῦν δ' ἑτέρου πολέμου καιρὸς ἥκει. Τίς; οὗτος δι' ὃν καὶ περὶ τούτων ἐμνήσθην, ἵνα μὴ ταὐτὰ πάθητε. Τί δὴ χρησώμεθα, ὦ ἄνδρες Ἀθηναῖοι, τούτῳ; Εἰ γὰρ μὴ βοηθήσητε παντὶ σθένει, κατὰ τὸ δυνατὸν, θεάσασθε ὃν τρόπον ὑμεῖς ἐστρατηγηκότες πάντα ἔσεσθε ὑπὲρ Φιλίππου.

Deuxième motif. *Entourés de peuples jaloux ou en-niens s'exposent, s'ils ne sauvent point Olynthe, à*

Ὑπῆρχον Ὀλύνθιοι δύναμίν τινα κεκτημένοι, καὶ διέκειθ' οὕτω τὰ πράγματα, οὔτε Φίλιππος ἐθάῤῥει τούτους, οὔθ' οὗτοι Φίλιππον. Ἐπράξαμεν ἡμεῖς κἀκεῖνοι πρὸς ἡμᾶς εἰρήνην. Ἦν τοῦτο ὥςπερ ἐμπό-

---

1. On était ordinairement dispensé du service militaire à l'âge de quarante ans.
2. On appelait ainsi la fête qu'on célébrait en l'honneur de Cérès, à Éleusis, ville d'Attique.
3. Charidème, Oritain de naissance, élève d'Iphicrate, et

votre jeunesse, et de lever une contribution de soixante talents. Cependant l'année expira: vinrent les mois de septembre, d'octobre et de novembre. Dans ce dernier mois à peine, après les fêtes de Cérès, vous envoyâtes Charidème avec cinq talents et dix vaisseaux mal équipés. En effet, comme on vous avait annoncé que Philippe était malade, et que même, bientôt après, on avait débité qu'il était mort, jugeant pour lors inutile de faire de grands préparatifs, vous renonçâtes au projet d'armer une flotte. Toutefois, c'était là le moment. Car si nous avions alors secouru Hérée comme nous l'avions décrété avec empressement, Philippe, revenu en santé, ne nous inquiéterait pas tant aujourd'hui. Mais on ne peut changer ce qui est fait. Une nouvelle occasion se présente; et quelle est cette occasion, Athéniens? celle qui me porte à vous rappeler une ancienne faute, pour que vous n'y retombiez pas. Comment profiter de la conjoncture? Observez, je vous prie, que, si vous ne secourez Olynthe de toutes vos forces et de tout votre pouvoir, on pourra vous reprocher d'avoir secondé vous-mêmes votre ennemi dans ses conquêtes.

nemis, ou trop faibles pour les secourir, les Athése voir bientôt eux-mêmes attaqués par Philippe.

Les Olynthiens avaient quelque pouvoir, et tel était l'état des affaires, que Philippe n'osait se commettre avec eux, ni eux avec Philippe. D'ailleurs, nous avions conclu la paix avec Olynthe; et c'était déjà pour ce prince un contre-temps assez fâcheux,

gendre de Chersoblepte, avait mérité, par ses services, le droit de cité dans Athènes.

4. Philippe eut un œil crevé au siége de Méthone; il en fut dangereusement malade.

δισμά τι τῷ Φιλίππῳ καὶ δυσχερὲς, πόλιν μεγάλην ἐφορμεῖν τοῖς ἑαυτοῦ καιροῖς διηλλαγμένην πρὸς ἡμᾶς. Ἐκπολεμῶσαι δεῖν ᾠόμεθα τοὺς ἀνθρώπους ἐκ παντὸς τρόπου· καὶ ὃ πάντες ἐθρύλλουν τέως, τοῦτο πέπρακται νῦν ὁπωςδήποτε. Τί οὖν ὑπόλοιπον, ὦ ἄνδρες Ἀθηναῖοι, πλὴν βοηθεῖν ἐρρωμένως καὶ προ- θύμως; ἐγὼ μὲν οὐχ ὁρῶ. Χωρὶς γὰρ τῆς περιστάσης ἂν ἡμᾶς αἰσχύνης, εἰ καθυφείμεθά τι τῶν πραγμάτων, οὐδὲ τὸν φόβον, ὦ ἄνδρες Ἀθηναῖοι, μικρὸν ὁρῶ τὸν τῶν μετὰ ταῦτα· ἐχόντων μὲν ὡς ἔχουσι Θηβαίων, ὑμῖν, ἀπειρηκότων δὲ χρήμασι Φωκέων, μηδενὸς δ' ἐμποδὼν ὄντος Φιλίππῳ τὰ παρόντα καταστρεψα- μένῳ, πρὸς ταῦτα ἐπικλῖναι τὰ πράγματα. Ἀλλὰ μὴν εἴ τις ὑμῶν εἰς τοῦτο ἀναβάλλεται ποιήσειν τὰ δέοντα, ἰδεῖν ἐγγύθεν βούλεται τὰ δεινὰ, ἐξὸν ἀκούειν ἄλλοθι γιγνόμενα· καὶ βοηθοὺς αὑτῷ ζητεῖν, ἐξὸν νῦν ἑτέροις αὐτὸν βοηθεῖν. Ὅτι μὲν γὰρ εἰς τοῦτο περι- στήσεται τὰ πράγματα, ἐὰν τὰ παρόντα προώμεθα, σχεδὸν ἴσμεν ἅπαντες δήπου.

DEUXIÈME PARTIE. *Le moyen de réussir est d'abroger concerne les distri-*

Ἀλλ' ὅτι μὲν δὴ δεῖ βοηθεῖν, εἴποι τις ἂν, πάντες ἐγνώκαμεν, καὶ βοηθήσομεν· τὸ δὲ ὅπως, τοῦτο λέγε. Μὴ τοίνυν, ὦ ἄνδρες Ἀθηναῖοι, θαυμάσητε, ἂν παράδοξον εἴπω τι τοῖς πολλοῖς. Νομοθέτας καθ- ιστᾶτε· ἐν δὲ τούτοις τοῖς νομοθέταις μὴ θῆσθε νόμον μηδένα (εἰσὶ γὰρ ὑμῖν ἱκανοί)· ἀλλὰ τοὺς εἰς τὸ παρὸν βλάπτοντας ὑμᾶς λύσατε· λέγω δὲ τοὺς περὶ

de voir à ses portes, réconciliée avec nous, une ville puissante, toujours prête à se jeter au milieu de ses projets. Nous pensions qu'il ne fallait rien négliger pour la mettre aux prises avec le monarque. Ce qui était alors l'objet de tous nos vœux, le voilà enfin arrivé, n'importe comment. Que nous reste-t-il donc, sinon de secourir les Olynthiens avec promptitude et avec vigueur? Non, nous ne pouvons nous en dispenser; et, sans parler de la honte dont nous nous couvririons, si nous abandonnions par négligence quelque partie des affaires, que n'aurions-nous pas à craindre pour l'avenir, les Thébains étant aussi mal disposés à notre égard qu'ils le sont, le trésor des Phocéens étant épuisé; et rien n'empêchant Philippe de tomber sur l'Attique après s'être emparé d'Olynthe? Attendre pour agir qu'il vienne nous attaquer, c'est vouloir approcher de soi le péril, lorsqu'on peut le regarder de loin; c'est se mettre dans le cas d'implorer bientôt le secours d'autrui, lorsqu'on peut actuellement secourir les autres. Cependant les choses en viendront là, si vous laissez échapper l'occasion; vous le savez tous.

certaines lois nuisibles à l'État, entre autres celle qui butions du théâtre.

« Nous sommes convaincus, dira-t-on peut-être, de la nécessité de secourir Olynthe, et nous la secourrons; mais dites-nous comment il faut nous y prendre. Écoutez donc, Athéniens, écoutez sans surprise un avis auquel plusieurs de vous ne s'attendent pas. Nommez des législateurs, non pour établir des lois, vous n'en avez que trop, mais pour abolir celles qui vous sont nuisibles dans la circonstance. Je parle ici clairement des lois con-

τῶν Θεωρικῶν σαφῶς οὑτωσὶ, καὶ τοὺς περὶ τῶν στρατευομένων ἐνίους· ὧν οἱ μὲν τὰ στρατιωτικὰ τοῖς οἴκοι μένουσι διανέμουσι Θεωρικά, οἱ δὲ τοὺς ἀτακτοῦντας ἀθώους καθιστᾶσιν, εἶτα καὶ τοὺς τὰ δέοντα ποιεῖν βουλομένους ἀθυμοτέρους ποιοῦσιν.

Premier motif. *Ces lois effrayent les orateurs qui*
conseils

Ἐπειδὰν δὲ ταῦτα λύσητε, καὶ τὴν τοῦ τὰ βέλτιστα λέγειν ὁδὸν παράσχητε ἀσφαλῆ, τηνικαῦτα τὸν γράψοντα ἃ πάντες ἴστε ὅτι συμφέρει, ζητεῖτε. Πρὶν δὲ ταῦτα πρᾶξαι, μὴ σκοπεῖτε τίς εἰπὼν τὰ βέλτιστα ὑπὲρ ὑμῶν, ὑφ’ ὑμῶν ἀπολέσθαι βουλήσεται· οὐ γὰρ εὑρήσετε· ἄλλως τε καὶ τούτου μόνου περιγίγνεσθαι μέλλοντος, τοῦ παθεῖν ἀδίκως τι κακὸν τὸν ταῦτ’ εἰπόντα καὶ γράψαντα, μηδὲν δ’ ὠφελῆσαι τὰ πράγματα, ἀλλὰ καὶ εἰς τὸ λοιπὸν μᾶλλον ἔτι ἢ νῦν τὸ τὰ βέλτιστα λέγειν φοβερώτερον ποιῆσαι. Καὶ λύειν γε, ὦ ἄνδρες Ἀθηναῖοι, τοὺς νόμους δεῖ τούτους αὐτοὺς ἀξιοῦν, οἵπερ καὶ τεθείκασιν. Οὐ γάρ ἐστι δίκαιον τὴν μὲν χάριν ἣ πᾶσαν ἔβλαψε τὴν πόλιν, τοῖς τότε θεῖσιν ὑπάρχειν· τὴν δ’ ἀπέχθειαν, δι’ ἧς ἅπαντες ἂν ἄμεινον πράξαιμεν, τῷ νῦν τὰ βέλτιστα εἰπόντι ζημίαν γενέσθαι. Πρὶν δὲ ταῦτα εὐτρεπίσαι, μηδαμῶς, ὦ ἄνδρες Ἀθηναῖοι, μηδένα ἀξιοῦτε τηλικοῦτον εἶναι παρ’ ὑμῖν, ὥστε τοὺς νόμους τούτους παραβάντα μὴ δοῦναι δίκην, μηδ’ οὕτως ἀνόητον, ὥστε εἰς πρόὑπτον κακὸν αὑτὸν ἐμβαλεῖν.

cernant le théâtre et la milice. Les unes destinent aux spectacles les fonds militaires, et les distribuent à des citoyens qui refusent de se mettre en campagne; les autres assurent l'impunité à ceux qui se dispensent de servir à leur tour, et par là découragent ceux qui sont occupés à leur devoir.

seraient tentés de parler franchement, et de donner des utiles.

Quand vous aurez aboli ces lois, et rendu plus sûr le ministère d'un orateur zélé, cherchez alors quelqu'un qui propose des partis évidemment utiles. Avant cela, ne comptez pas trouver un ministre qui hasarde de se perdre en donnant les meilleurs avis; vous n'en trouverez pas, d'autant plus que celui qui vous donnerait de tels conseils, essuierait de votre part quelque mauvais traitement, sans faire le bien de la république, et que d'ailleurs il rendrait plus dangereuse à l'avenir la fonction d'un bon ministre. C'est à ceux qui ont proposé les lois à les abolir; c'est à eux qu'il faut s'adresser; et il ne serait pas juste que les auteurs de ces lois continuassent à jouir de vos bonnes grâces, qu'ils n'auraient acquises qu'en vous portant un coup mortel; tandis qu'un ministre zélé resterait chargé de votre haine, qu'il encourrait en voulant rétablir nos affaires. Non, avant que d'avoir réglé ce que je vous dis, ne vous attendez pas à trouver parmi vous un citoyen ou assez accrédité pour attaquer impunément de pareilles lois, ou assez insensé pour se jeter lui-même dans un péril manifeste.

Deuxième motif. *Elles entravent la marche des af-*

Οὐ μὴν οὐδ' ἐκεῖνό γ' ὑμᾶς ἀγνοεῖν δεῖ, ὦ ἄνδρες
Ἀθηναῖοι, ὅτι ψήφισμα οὐδενός ἐστιν ἄξιον, ἂν μὴ
προσγένηται τὸ ποιεῖν ἐθέλειν τάγε δόξαντα προθύμως
ἡμᾶς. Εἰ γὰρ αὐτάρκη τὰ ψηφίσματα ἦν ἢ ὑμᾶς
ἀναγκάζειν ἃ προσήκει πράττειν, ἢ περὶ ὧν γράφει
διαπράξασθαι, οὔτ' ἂν ὑμεῖς πολλὰ ψηφιζόμενοι,
μικρὰ μᾶλλον δ' οὐδὲν ἐπράττετε τούτων, οὔτε
Φίλιππος τοσοῦτον ὑβρίκει χρόνον· πάλαι γὰρ ἂν
ἕνεκά γε ψηφισμάτων ἐδεδώκει δίκην. Ἀλλ' οὐχ οὕτω
ταῦτ' ἔχει. Τὸ γὰρ πράττειν, τοῦ λέγειν καὶ χειρο-
τονεῖν ὕστερον ὂν τῇ τάξει, πρότερον τῇ δυνάμει καὶ
κρεῖττόν ἐστι. Τοῦτ' οὖν δεῖ προσεῖναι, τὰ δ' ἄλλα
ὑπάρχει. Καὶ γὰρ εἰπεῖν τὰ δέοντα παρ' ὑμῖν εἰσιν,
ὦ ἄνδρες Ἀθηναῖοι, δυνάμενοι· καὶ γνῶναι πάντων
ὑμεῖς ὀξύτατοι τὰ ῥηθέντα, καὶ πρᾶξαι δὲ δυνήσεσθε
νῦν, ἐὰν ὀρθῶς ποιῆτε.

Développement du même motif. Haine que doit leur
le résultat de nouveaux dé-

Τίνα γὰρ χρόνον, ἢ τίνα καιρὸν, ὦ ἄνδρες Ἀθηναῖοι, τοῦ παρόντος βελτίω ζητεῖτε; ἢ πότε ἃ δεῖ
πράξετε, εἰ μὴ νῦν; Οὐχ ἅπαντα μὲν ὑμῶν τὰ χωρία
προείληφεν ἄνθρωπος; εἰ δὲ καὶ ταύτης κύριος τῆς
χώρας γενήσεται, πάντων αἴσχιστα πεισόμεθα Οὐχ
οὓς, εἰ πολεμήσαιεν, ἑτοίμως σώσειν ὑπισχνούμεθα,
οὗτοι νῦν πολεμοῦνται; Οὐκ ἐχθρός; οὐκ ἔχων τὰ
ὑμέτερα; οὐ βάρβαρος; οὐχ ὅ τι ἂν εἴποι τις; Ἀλλὰ
πρὸς Θεῶν, ἅπαντα ταῦτα ἐάσαντες, καὶ μονονουχὶ
συγνατασκευάσαντες αὐτῷ, τότε τοὺς αἰτίους οἵτινές

faires. Nécessité de joindre les actions aux décrets.

Sachez encore qu'un décret est inutile, si vous n'y joignez une volonté ferme de faire sans délai ce qu'il ordonne. Si les décrets seuls était suffisants pour vous faire exécuter ce qu'ils portent, ou pour l'exécuter eux-mêmes, vous qui multipliez les décrets à l'infini, vous ne verriez pas vos affaires n'avancer que si peu ou plutôt point du tout: Philippe ne nous insulterait pas depuis tant d'années; il eût déjà été réprimé il y a longtemps en vertu de nos décrets. Mais les choses ne vont point ainsi. Quoique la parole et la délibération marchent avant l'action, l'action est la première pour l'excellence et l'efficacité. Agissez donc; quant au reste, vous l'avez. Oui, il est parmi vous des orateurs qui ont le talent de bien conseiller, et vous manquez moins que d'autres de pénétration pour discerner les bons conseils ; vous vous mettrez au plus tôt en état d'agir, si vous êtes sages.

inspirer Philippe. Honte et dangers qui seraient lâis. Heureuse transition.

Eh! quel autre temps, quelle occasion plus favorable attendez-vous? Quand ferez-vous ce que vous devez, si vous ne le faites aujourd'hui? Philippe ne s'est-il pas emparé de toutes nos places? s'il venait à se rendre maître encore de l'Attique, ne serait-ce point pour nous le comble du déshonneur? Ceux que nous nous proposions de défendre s'ils étaient attaqués, ne le sont-ils pas? Celui qui les attaque, n'est-il pas votre ennemi? n'est-il pas saisi de nos possessions? n'est-ce pas un barbare et tout ce qu'on voudra dire? Mais peut-être, après avoir tout cédé à Philippe, et l'avoir presque secondé dans ses entreprises, nous chercherons sur

εἰσι τούτων, ζητήσομεν; οὐ γὰρ αὐτοί γ' αἴτιοι φήσομεν εἶναι, σαφῶς οἶδα τοῦτ' ἐγώ· οὐδὲ γὰρ ἐν τοῖς τοῦ πολέμου κινδύνοις τῶν φευγόντων οὐδεὶς ἑαυτοῦ κατηγορεῖ, ἀλλὰ καὶ τοῦ στρατηγοῦ καὶ τῶν πλησίον καὶ πάντων μᾶλλον· ἥττηνται δ' ὅμως διὰ πάντας τοὺς φυγόντας δήπου· μένειν γὰρ ἐξῆν τῷ κατηγοροῦντι τῶν ἄλλων· εἰ δὲ τοῦτ' ἐποίει ἕκαστος, ἐνίκων ἄν.

Précautions oratoires *pour en revenir au plus im-*
des fonds affectés aux dis-

Καὶ νῦν, οὐ λέγει τις τὰ βέλτιστα; ἀναστὰς ἄλλος εἰπάτω, μὴ τοῦτον αἰτιάσθω. Ἕτερος λέγει τις βελτίω; ταῦτα ποιεῖτε ἀγαθῇ τύχῃ. Ἀλλ' οὐχ ἡδέα ταῦτα· οὐκέτι τοῦθ' ὁ λέγων ἀδικεῖ πλὴν εἰ, δέον εὔξασθαι, παραλείπει. Εὔξασθαι μὲν γὰρ, ὦ ἄνδρες Ἀθηναῖοι, ῥᾴδιον, εἰς τ' αὐτὸ πάνθ' ὅσα βούλεταί τις ἀθροίσαντα ἐν ὀλίγῳ· ἑλέσθαι δὲ, ὅταν περὶ πραγμάτων προτεθῇ σκοπεῖν, οὐκέθ' ὁμοίως εὔπορον· ἀλλὰ δεῖ τὰ βέλτιστα ἀντὶ τῶν ἡδέων, ἂν μὴ ἀμφότερα ἐξῇ, λαμβάνειν. Εἰ δέ τις ἡμῖν ἔχοι τὰ Θεωρικὰ ἐᾶν, καὶ πόρους ἑτέρους λέγειν στρατιωτικοὺς, οὐχ οὗτος κρείττων; εἴποι τις ἄν. Φημὶ ἔγωγε, εἴπερ ἐστίν, ὦ ἄνδρες Ἀθηναῖοι. Ἀλλὰ θαυμάζω, εἴ τῳ ποτὲ ἀνθρώπων ἢ γέγονεν ἢ γενήσεται, ἂν τὰ παρόντα ἀναλώσῃ πρὸς ἃ μὴ δεῖ, τῶν ἀπόντων εὐπορῆσαι πρὸς ἃ δεῖ. Ἀλλ', οἶμαι, μέγα τοῖς τοιούτοις ὑπάρχει λόγοις ἡ παρ' ἑκάστου βούλησις· διόπερ ῥᾷστον ἁπ' ἁπάν-

qui rejeter nos maux ; car ce n'est point à nous-
mêmes que nous nous en prendrons, je le sais.
Dans une déroute, nul des fuyards ne s'en prend
à lui-même, mais à son général, à ses compagnons,
à tout le monde. Cependant on n'a été vaincu que
parce que tous ont fui. Tel qui accuse les autres,
pouvait tenir ferme ; et si chacun l'eût fait, on eût
été vainqueur.

portant des changements proposés, celui de l'emploi
tributions du théâtre.

De même à présent un ministre ne donne-t-il
pas le meilleur conseil ? qu'un autre se lève, et
que, sans l'accuser, il parle lui-même. Un autre
vous propose-t-il ce qu'il y a de mieux à faire ?
faites-le avec l'aide des dieux. Mais ces discours
ne sont pas agréables. Sa seule faute, c'est d'avoir
oublié, quand on doit le faire, de vous adresser
des vœux flatteurs. Et en effet, Athéniens, est-il
rien de si aisé que de recueillir un certain nombre d'expressions et de mots dont les sons cha-
touillent vos oreilles ? Au lieu qu'il n'est pas aussi
facile de bien choisir dans une délibération sérieuse, qui demande que l'utile soit toujours pré-
féré à l'agréable, si l'on ne peut avoir l'un et l'autre. Mais, dira-t-on, si l'on pouvait nous laisser les
deniers du théâtre, et nous indiquer pour la guerre
d'autres revenus, ne serait-ce pas le meilleur ? oui,
si la chose est possible. Je serais surpris néanmoins
qu'il fût arrivé, ou que jamais il arrivât, qu'un
homme qui a consumé en dépenses inutiles les
fonds qu'il avait, trouve dans les fonds qu'il n'a
pas de quoi fournir aux dépenses nécessaires. Les
dispositions du cœur, sans doute, donnent un
grand poids à de pareils propos : il est fort aisé de

τῶν ἐστὶν αὐτὸν ἐξαπατῆσαι· ὃ γὰρ βούλεται, τοῦθ'
ἕκαστος καὶ οἴεται. Τὰ δὲ πράγματα πολλάκις οὐχ
οὕτω πέφυκεν.

TROISIÈME MOTIF. *Il est indigne d'un peuple tel que*
sacrifices, pour se procurer l'argent qu'exige une

Ὁρᾶτε οὖν, ὦ ἄνδρες Ἀθηναῖοι, ταῦθ' οὕτως, ὅπως
καὶ τὰ πράγματα ἐνδέχεται· καὶ δυνήσεσθε ἐξιέναι,
καὶ μισθὸν ἕξετε. Οὗτοι σωφρόνων, οὐδὲ γενναίων
ἐστὶν ἀνθρώπων, ἐλλείποντάς τι δι' ἔνδειαν χρημάτων τοῦ πολέμου, εὐχερῶς τὰ τοιαῦτα ὀνείδη φέρειν·
οὐδ' ἐπὶ μὲν Κορινθίους καὶ Μεγαρέας, ἁρπάσαντας τὰ
ὅπλα, πορεύεσθαι, Φίλιππον δ' ἐᾶν πόλεις ἑλληνίδας
ἀνδραποδίζεσθαι, δι' ἀπορίαν ἐφοδίων τοῖς στρατευομένοις.

NOUVELLES PRÉCAUTIONS ORATOIRES. *Démosthène s'au-*
maximes de leur conduite, opposée à celle de leurs
blique était florissante. Tableau de sa prospérité.

Καὶ ταῦτ' οὐχ ἵν' ἀπέχθωμαί τισιν ὑμῶν τηνάλ-
λως προῄρημαι λέγειν (οὐ γὰρ οὕτως ἄφρων οὐδὲ
ἀτυχής τις εἰμὶ ἐγὼ, ὥστε ἀπεχθάνεσθαι βούλεσθαι,
μηδὲν ὠφελεῖν νομίζων), ἀλλὰ δικαίου πολίτου κρίνω
τὴν τῶν πραγμάτων σωτηρίαν ἀντὶ τῆς ἐν τῷ λέγειν
χάριτος αἱρεῖσθαι. Καὶ γὰρ τοὺς ἐπὶ τῶν προγόνων
ἡμῶν λέγοντας ἀκούω, ὥσπερ ἴσως καὶ ὑμεῖς (οὓς
ἐπαινοῦσι μὲν οἱ παριόντες ἅπαντες, μιμοῦνται δ' οὐ
πάνυ), τούτῳ τῷ τρόπῳ καὶ τῷ ἔθει τῆς πολιτείας
χρῆσθαι· τὸν Ἀριστείδην ἐκεῖνον, τὸν Νικίαν, τὸν

se tromper soi-même; et l'on pense comme on est affecté. Mais les affaires souvent ne marchent pas au gré de nos désirs.

les Athéniens, de ne point consentir à quelques guerre si importante et si nécessaire.

Voyez donc, Athéniens, voyez les choses comme elles sont; et vous pourrez vous mettre en campagne, et vous aurez de quoi payer vos troupes. Car il n'est pas d'un peuple sage et généreux de manquer, faute d'argent, les occasions favorables, et de dévorer ensuite les plus grands affronts; ni d'un peuple si prompt à courir aux armes pour s'opposer aux violences des Corinthiens et des Mégariens, de laisser Philippe s'assujétir les villes grecques, faute de pourvoir à la subsistance du soldat.

torise de l'exemple des anciens orateurs. Règles et successeurs. Gouvernée par les premiers, la répu-

Et je ne cherche pas, en parlant de la sorte, à choquer imprudemment plusieurs d'entre vous. Je ne suis ni assez insensé ni assez ennemi de moi-même, pour m'attirer la haine des particuliers sans aucune vue d'intérêt public. Mais je pense qu'un bon citoyen doit préférer dans ses discours le salut de la patrie à l'agrément des paroles. Je sais par ouï-dire, comme vous le savez vous-mêmes, que c'était d'après cette règle que se conduisaient les ministres du temps de nos pères, ces ministres que ceux de nos jours louent sans les imiter : le fameux Aristide, Nicias, Périclès, et

ὁμώνυμον [1] ἐμαυτῷ, τὸν Περικλέα. Ἐξ οὗ δὲ οἱ δι-
ερωτῶντες ὑμᾶς οὗτοι πεφήνασι ῥήτορες· τί βούλεσθε;
τί γράψω; τί ὑμῖν χαρίσομαι; προπέπωται τῆς παρ-
αυτίκα ἡδονῆς καὶ χάριτος τὰ τῆς πόλεως πράγματα, καὶ τοιαυτὶ συμβαίνει· καὶ τὰ μὲν τούτων πάντα
καλῶς ἔχει, τὰ δ' ὑμέτερα αἰσχρῶς. Καί τοι σκέ-
ψασθε, ὦ ἄνδρες Ἀθηναῖοι, ἅ τις ἂν κεφάλαια εἰπεῖν
ἔχοι τῶν τ' ἐπὶ τῶν προγόνων ἔργων καὶ τῶν ἐφ'
ἡμῶν. Ἔσται δὲ βραχὺς καὶ γνώριμος ὑμῖν ὁ λόγος.
Οὐ γὰρ ἀλλοτρίοις ὑμῖν χρωμένοις παραδείγμασιν,
ἀλλ' οἰκείοις, ὦ ἄνδρες Ἀθηναῖοι, εὐδαίμοσιν ἔξεστι
γενέσθαι. Ἐκεῖνοι τοίνυν οἷς οὐκ ἐχαρίζονθ' οἱ λέγοντες, οὐδ' ἐφίλουν αὐτοὺς ὥσπερ ὑμᾶς οὗτοι νῦν,
πέντε μὲν καὶ ἑξήκοντα ἔτη τῶν Ἑλλήνων ἦρξαν
ἑκόντων, πλείω δ' ἢ μύρια τάλαντα εἰς τὴν Ἀκρόπο-
λιν συνήγαγον· ὑπήκουε δὲ ὁ ταύτην ἔχων τὴν χώραν
αὐτοῖς βασιλεύς, ὥσπερ ἐστὶ προσῆκον βάρβαρον Ἕλ-
λησι· πολλὰ δὲ καὶ καλὰ καὶ πεζῇ καὶ ναυμαχοῦντες
ἔστησαν τρόπαια αὐτοὶ στρατευόμενοι· μόνοι δὲ ἀνθρώπων κρείττω τὴν ἐπὶ τοῖς ἔργοις δόξαν τῶν φθο-
νούντων κατέλιπον [2]. Ἐπὶ μὲν δὴ τῶν ἑλληνικῶν
ἦσαν τοιοῦτοι· ἐν δὲ τοῖς κατὰ τὴν πόλιν αὐτὴν,
θεάσασθε ὁποῖοι ἔν τε τοῖς κοινοῖς ἔν τε καὶ τοῖς
ἰδίοις. Δημοσίᾳ μὲν τοίνυν οἰκοδομήματα καὶ κάλλη
τοιαῦτα κατεσκεύασαν ἡμῖν ἱερῶν, καὶ τῶν ἐν τούτοις ἀναθημάτων, ὥστε μηδενὶ τῶν ἐπιγιγνομένων
ὑπερβολὴν λελεῖφθαι· ἰδίᾳ δ' οὕτω σώφρονες ἦσαν
καὶ σφόδρα ἐν τῷ τῆς πολιτείας ἤθει μένοντες, ὥστε
τὴν Ἀριστείδου καὶ τὴν Μιλτιάδου καὶ τῶν τότε

1. Démosthène, général athénien, qui se distingua dans la
guerre du Péloponnèse, et se donna la mort après la défaite
de l'armée qu'il commandait en Sicile.

celui dont je porte le nom. Mais depuis qu'on a vu paraître des orateurs complaisants qui vous demandent : Que désirez-vous ? que proposerai-je ? en quoi vous serai-je agréable ? on sacrifie les intérêts de la république aux douceurs d'un plaisir passager. Et de là qu'arrive-t-il ? Vos orateurs jouissent d'une fortune brillante, tandis que l'État est couvert d'opprobre. Or observez les traits principaux qui marquent la différence de votre conduite et de celle de vos ancêtres. Je ne serai pas long, et ne vous dirai rien qui ne vous soit connu ; car, pour voir prospérer vos affaires, il vous suffit des exemples que vous trouvez chez vous ; vous n'avez pas besoin d'en chercher ailleurs. Vos ancêtres donc, à qui les orateurs ne faisaient pas leur cour, et qu'ils ne flattaient pas comme les vôtres vous flattent, commandèrent soixante-cinq ans dans la Grèce qui reconnaissait leur empire ; ils amassèrent dans le trésor plus de dix mille talents ; le roi de Macédoine leur obéissait comme un barbare doit obéir à des Grecs ; ils remportèrent sur terre et sur mer, avec leurs propres milices, plusieurs victoires célèbres, et seuls de tous les hommes, ils acquirent par leurs actions une gloire supérieure à l'envie. Voilà ce qu'ils furent dans la Grèce, voici ce qu'ils étaient dans leur ville, comme hommes publics et particuliers. Comme hommes publics, ils nous ont construit de si beaux édifices, élevé un si grand nombre de temples superbes, orné ces temples de si riches offrandes, qu'ils n'ont laissé à leurs descendants aucun moyen de les surpasser. Comme particuliers, ils étaient si simples et si attachés aux mœurs antiques, que ceux qui connaissent la maison d'Aristide, celle de Miltiade, et des autres

2. *Quod difficillimum inter mortales, gloria invidiam vicisti.* SALL., Jug., X.

λαμπρῶν οἰκίαν, εἴ τις ἄρα οἶδεν ὑμῶν ὁποία ποτ'
ἐστὶν, ὁρᾷ τῆς τοῦ γείτονος οὐδὲν σεμνοτέραν οὖσαν·
οὐ γὰρ εἰς περιουσίαν ἐπράττετο αὐτοῖς τὰ τῆς πόλεως, ἀλλὰ τὸ κοινὸν αὔξειν ἕκαστος ᾤετο δεῖν. Ἐν
δὲ τοῦ τὰ μὲν ἑλληνικὰ πιστῶς, τὰ δὲ πρὸς τοὺς
Θεοὺς εὐσεβῶς, τὰ δ' ἐν αὐτοῖς ἴσως διοικεῖν, μεγάλην εἰκότως ἐκτήσαντο εὐδαιμονίαν.

Tableau de sa détresse présente.

Τότε μὲν δὴ τοῦτον τὸν τρόπον εἶχε τὰ πράγματα
ἐκείνοις χρωμένοις, οἷς εἶπον, προστάταις· νυνὶ δὲ
πῶς ὑμῖν, ὑπὸ τῶν χρηστῶν τῶν νῦν, τὰ πράγματα
ἔχει; ἆρά γε ὁμοίως καὶ παραπλησίως; Καὶ τὰ μὲν
ἄλλα σιωπῶ, πόλλ' ἂν ἔχων εἰπεῖν· ἀλλ' ὅσης ἅπαντες ὁρᾶτε ἐρημίας ἐπειλεμμένοι, καὶ Λακεδαιμο-
νίων μὲν ἀπολωλότων, Θηβαίων δὲ ἀσχόλων ὄντων,
τῶν δ' ἄλλων οὐδενὸς ὄντος ἀξιόχρεω περὶ τῶν πρω-
τείων ἡμῖν ἀντιτάξασθαι, ἐξὸν δ' ἡμῖν καὶ τὰ ἡμέ-
τερα αὐτῶν ἀσφαλῶς ἔχειν καὶ τὰ τῶν ἄλλων δίκαια
βραβεύειν, ἀπεστερήμεθα μὲν χώρας οἰκείας, πλείω
δ' ἢ χίλια καὶ πεντακόσια τάλαντα ἀνηλώκαμεν εἰς
οὐδὲν δέον· οὓς δ' ἐν τῷ πολέμῳ συμμάχους ἐκτησά-
μεθα, εἰρήνης οὔσης, ἀπολωλέκασιν οὗτοι, ἐχθρὸν
δ' ἐφ' ἡμᾶς αὐτοὺς τηλικοῦτον ἠσκήκαμεν. Ἢ φρασάτω τις ἐμοὶ παρελθὼν, πόθεν ἄλλοθεν ἰσχυρὸς
γέγοινεν ἢ παρ' ἡμῶν αὐτῶν Φίλιππος. Ἀλλ', ὦ 'τάν,
εἰ ταῦτα φαύλως, τάγ' ἐν αὐτῇ τῇ πόλει νῦν ἄμεινον
ἔχει. Καὶ τί ἄν τις εἰπεῖν ἔχοι; τὰς ἐπάλξεις ἃς
κονιῶμεν; καὶ τὰς ὁδοὺς ἃς ἐπισκευάζομεν; καὶ
κρήνας; καὶ λήρους; Ἀποβλέψατε δὴ πρὸς τοὺς τὰ
τοιαῦτα πολιτευομένους· ὧν οἱ μὲν ἐκ πτωχῶν πλού-

grands hommes de ce temps-là, voient que rien ne les distingue des maisons voisines. Ce n'était pas pour augmenter leur fortune, mais pour agrandir la république, qu'ils prenaient part au gouvernement. Par leur fidélité à l'égard des Grecs, leur piété envers les dieux, et leur esprit d'égalité avec leurs concitoyens, ils parvinrent, comme ils le devaient, au comble de la prospérité.

Couleurs vives et animées.

Voilà notre république sous les chefs illustres dont je parle; et quel est l'état des affaires aujourd'hui sous les honnêtes citoyens qui nous gouvernent? Est-il le même ou à peu près? Sans parler du reste (j'aurais trop à dire), vous voyez, par exemple, qu'en un temps où nous n'avons plus de rivaux en tête, où les Lacédémoniens sont abattus et les Thébains occupés chez eux; où, nul autre peuple ne pouvant nous disputer la prééminence, nous pourrions défendre nos propres biens, et régler les droits des autres; en ce temps, dis-je, nous sommes dépouillés de nos possessions, nous avons dépensé sans fruit plus de quinze cents talents, perdu pendant la paix les alliés que nous nous étions faits pendant la guerre, et formé contre nous-mêmes un ennemi redoutable : ou que quelqu'un se lève et me dise si d'autres que nous ont pu accroître à ce point la puissance de Philippe. Mais, dira-t-on, si les affaires du dehors sont en mauvais état, celles du dedans vont beaucoup mieux. Quelle preuve peut-on en donner? Des murs recrépis, des chemins réparés, des fontaines et autres futilités semblables. Mais voyez les citoyens à qui vous devez ces beaux monuments de leur administration; ils ont passé, les uns de la misère à l'opulence, les autres de l'obscurité à

σιοι γεγόνασιν, οἱ δ᾽ ἐξ ἀδόξων ἔντιμοι, ἔνιοι δὲ τὰς
ἰδίας οἰκίας τῶν δημοσίων οἰκοδομημάτων σεμνο-
τέρας εἰσὶ κατεσκευασμένοι. Ὅσῳ δὲ τὰ τῆς πόλεως
ἐλάττω γέγονε, τοσούτῳ τὰ τούτων ηὔξηται.

QUATRIÈME MOTIF. *La cause d'une situation si déplo-
se sont glissés dans plusieurs parties de l'adminis-*

Τί δὴ τὸ πάντων αἴτιον τούτων; καὶ τί δή ποτε
ἅπαντ᾽ εἶχε καλῶς τότε; καὶ νῦν οὐκ ὀρθῶς, ὅτι τὸ
μὲν πρῶτον καὶ στρατεύεσθαι τολμῶν αὐτὸς ὁ δῆμος,
δεσπότης τῶν πολιτευομένων ἦν καὶ κύριος αὐτὸς
ἁπάντων τῶν ἀγαθῶν, καὶ ἀγαπητὸν ἦν παρὰ τοῦ
δήμου τῶν ἄλλων ἑκάστῳ καὶ τιμῆς καὶ ἀρχῆς καὶ
ἀγαθοῦ τινος μεταλαβεῖν· νῦν δὲ τοὐναντίον, κύριοι
μὲν τῶν ἀγαθῶν οἱ πολιτευόμενοι, καὶ διὰ τούτων
ἅπαντα πράττεται· ὑμεῖς δὲ ὁ δῆμος ἐκνενευρισμέ-
νοι καὶ περιῃρημένοι χρήματα καὶ συμμάχους, ἐν
ὑπηρέτου καὶ προσθήκης μέρει γεγένησθε, ἀγαπῶν-
τες ἐὰν μεταδιδῶσι θεωρικῶν ὑμῖν, ἢ βοΐδια πέμ-
ψωσιν οὗτοι· καὶ, τὸ πάντων ἀνανδρότατον, τῶν
ὑμετέρων αὐτῶν χάριν προσοφείλετε· οἱ δ᾽ ἐν αὐτῇ
τῇ πόλει καθείρξαντες ὑμᾶς, ὑπάγουσιν ἐπὶ ταῦτα
καὶ τιθασσεύουσι, χειροήθεις αὐτοῖς ποιοῦντες. Ἔστι
δ᾽ οὐδέποτ᾽, οἶμαι, μέγα καὶ νεανικὸν φρόνημα λαβεῖν μικρὰ καὶ φαῦλα πράττοντας· ὁποῖ᾽ ἄττα γὰρ
ἂν τὰ ἐπιτηδεύματα τῶν ἀνθρώπων ᾖ, τοιοῦτον
ἀνάγκη καὶ φρόνημα ἔχειν. Ταῦτα, μὰ τὴν Δήμητρα,
οὐκ ἂν θαυμάσαιμι, εἰ μείζων εἰπόντι ἐμοὶ γένοιτο
παρ᾽ ὑμῶν βλάβη, τῶν πεποιηκότων αὐτὰ γενέσθαι·
οὐδὲ γὰρ παρρησία περὶ πάντων ἀεὶ παρ᾽ ὑμῖν ἐστιν·
ἀλλ᾽ ἔγωγε, ὅτι καὶ νῦν γέγονε, θαυμάζω.

la splendeur ; quelques-uns se sont bâti des maisons dont la magnificence insulte même à nos édifices publics : leur fortune a augmenté à mesure que l'État a dépéri.

rable et si honteuse à la fois, ce sont les abus qui tration ; surtout celle des finances.

Et quelle est la cause de ce désordre ? pourquoi tout allait-il autrefois si bien, et va-t-il aujourd'hui si mal ? c'est qu'autrefois le peuple, ne craignant pas de se mettre lui-même en campagne, était arbitre de toutes les grâces, maître des ministres ; et que ceux-ci se contentaient d'obtenir de lui les honneurs, les dignités, tous les avantages. Aujourd'hui, au contraire, ce sont les ministres qui disposent des grâces ; tout se fait et s'obtient par eux. Vous autres, citoyens avilis, peuple énervé, sans alliés et sans finances, on vous regarde comme des valets, comme une populace qui fait seulement nombre, trop heureux qu'on vous fasse part des deniers du théâtre, qu'on vous distribue des vivres ; et, ce qui est le comble de la lâcheté, vous vous croyez redevables à ceux qui vous donnent ce qui est à vous. Enfermés dans vos murs, amorcés par de modiques largesses, on vous apprivoise, pour ainsi dire, on vous rend souples et dociles. Mais est-il possible que des hommes qui vivent d'une manière basse et méprisable aient des sentiments nobles et élevés ? Les sentiments pour l'ordinaire sont tels que le genre de vie que l'on mène. Pour moi, certes, je ne serais pas étonné que vous traitassiez plus mal celui qui vous expose les désordres de l'État, que ceux qui en sont les auteurs. Car vous ne nous accordez pas toujours la liberté de tout dire ; je suis même surpris que vous me l'accordiez en ce moment.

PÉRORAISON. *Nécessité de*

Ἐὰν οὖν ἀλλὰ νῦν γ᾽ ἔτι ἀπαλλαγέντες τούτων τῶν ἐθῶν, ἐθελήσητε στρατεύεσθαί τε καὶ πράττειν ἀξίως ὑμῶν αὐτῶν, καὶ ταῖς περιουσίαις ταῖς οἴκοι ταύταις, ἀφορμαῖς ἐπὶ τὰ ἔξω τῶν ἀγαθῶν χρήσησθε, ἴσως ἂν, ἴσως, ὦ ἄνδρες Ἀθηναῖοι, τέλειόν τι καὶ μέγα κτήσαισθε ἀγαθὸν, καὶ τῶν τοιούτων λημμάτων ἀπαλλαγείητε, ἃ τοῖς ἀσθενοῦσι παρὰ τῶν ἰατρῶν σιτίοις διδομένοις ἔοικε· καὶ γὰρ οὔτε ἰσχὺν ἐκεῖνα ἐντίθησιν, οὔτ᾽ ἀποθνήσκειν ἐᾷ· καὶ ταῦτα ἃ νέμεσθε νῦν ὑμεῖς, οὔτε τοσαῦτά ἐστιν, ὥστε ὠφέλειαν ἔχειν τινὰ διαρκῆ, οὔτ᾽ ἀπογνόντας ἄλλο τι πράττειν ἐᾷ, ἀλλ᾽ ἔστι ταῦτα τὴν ἑκάστου ῥᾳθυμίαν ὑμῶν ἐπαυξάνοντα.

L'orateur entre dans le détail des modifica-

Οὐκοῦν σὺ μισθοφορὰν λέγεις; φήσει τις. Καὶ παραχρῆμά γε τὴν αὐτὴν σύνταξιν ἁπάντων, ὦ ἄνδρες Ἀθηναῖοι, ἵνα τῶν κοινῶν ἕκαστος τὸ μέρος λαμβάνων, ὅτου δέοιτο ἡ πόλις, εἰς τοῦθ᾽ ἑτοίμως χρήσιμον ἑαυτὸν παρέχοι. Ἔξεστιν ἄγειν ἡσυχίαν; οἴκοι μένων εἶ βελτίων, τοῦ δι᾽ ἔνδειαν ἀνάγκη τι ποιεῖν αἰσχρὸν ἀπηλλαγμένος. Συμβαίνει τι τοιοῦτον οἷον καὶ τὰ νῦν; στρατιώτης αὐτὸς ὑπάρχων, ἀπὸ τῶν αὐτῶν τούτων λημμάτων, ὥσπερ ἐστὶ δίκαιον, ὑπὲρ τῆς πατρίδος. Ἔστι τις ἔξω τῆς ἡλικίας ἡμῶν; ὅσα οὗτος ἄτακτος νῦν λαμβάνων οὐκ ὠφελεῖ, ταῦτ᾽ ἐν ἴσῃ τάξει λαμβανέτω, πάντ᾽ ἐφορῶν καὶ διοικῶν ἃ χρὴ πράττεσθαι. Ὅλως δὲ οὔτ᾽ ἀφελὼν, οὔτε προςθεὶς,

remédier à ces maux.

Si donc renonçant, du moins aujourd'hui, à une conduite indigne de vous, vous prenez le parti de vous mettre en campagne, d'agir comme vous devez et d'employer vos fonds domestiques pour acquérir des possessions étrangères, peut-être, Athéniens, peut-être vous gagnerez quelque insigne avantage, et vous perdrez le goût des distributions, que l'on peut comparer à ces aliments faibles que les médecins permettent à leurs malades, moins pour rendre les forces que pour soutenir la vie. En effet, les distributions, sans fournir à tous vos besoins, ne sont qu'un appât qui vous attire, qui vous détourne d'objets essentiels, et fomente votre paresse.

tions et des changements qu'il croit utiles.

Vous voulez donc, dira quelqu'un, qu'on paye les soldats avec les fonds des distributions. Je veux du moins, que dès à présent, il n'y ait dans Athènes qu'un ordre de citoyens, et que quiconque recevra sa part des deniers de la république, la serve de tout son pouvoir, suivant les circonstances. Est-on en paix : participant aux largesses communes, on aura l'avantage de rester chez soi sans que le besoin arrache aucune action dont on puisse rougir. Est-on en guerre, comme dans la conjoncture présente : on servira la patrie, ainsi qu'il est juste, en portant les armes, pour prix de ces mêmes largesses. A-t-on passé l'âge militaire : ce qu'on reçoit maintenant, sans le mériter par le service, on le recevra alors en se rendant utile, et en veillant aux affaires du dedans. En un mot, sans rien ajou-

πλὴν μικρῶν, τὴν ἀταξίαν ἀνελὼν, εἰς τάξιν ἤγαγον τὴν πόλιν, τὴν αὐτὴν τοῦ λαβεῖν, τοῦ στρατεύεσθαι, τοῦ δικάζειν, τοῦ ποιεῖν τοῦθ' ὅ τι καθ'
ἡλικίαν ἕκαστος ἔχει, καὶ ὅτου καιρὸς εἴη, τάξιν
ποιήσας.

Il insiste sur l'utilité des mesures qu'il propose, et
spérité de

Οὐκ ἔστιν ὅπου τοῖς μηδὲν ἐγὼ ποιοῦσι τὰ τῶν
ποιησόντων εἶπον, ὡς δεῖ νέμειν· οὐδ' αὐτοὺς μὲν
ἀργεῖν καὶ σχολάζειν καὶ ἀπορεῖν, ὅτι δὲ οἱ τοῦ δεῖνος νικῶσι ξένοι, ταῦτα πυνθάνεσθαι. Ταῦτα γὰρ νυνὶ
γίνεται. Καὶ οὐχὶ μέμφομαι τὸν ποιοῦντά τι τῶν
δεόντων ὑπὲρ ὑμῶν· ἀλλὰ καὶ ὑμᾶς αὐτοὺς ὑπὲρ
ὑμῶν αὐτῶν ἀξιῶ πράττειν ταῦτα, ἐφ' οἷς ἑτέρους
τιμᾶτε· καὶ μὴ παραχωρεῖν, ὦ ἄνδρες Ἀθηναῖοι,
τῆς τάξεως, ἣν ὑμῖν οἱ πρόγονοι τῆς ἀρετῆς μετὰ
πολλῶν καὶ καλῶν καὶ μεγάλων κινδύνων κτησάμενοι κατέλιπον. Σχεδὸν εἴρηκα ἃ νομίζω συμφέρειν·
ὑμεῖς δὲ ἕλοισθε ὅ τι καὶ τῇ πόλει καὶ ἅπασιν ὑμῖν
συνοίσειν μέλλει.

ΤΕΛΟΣ.

ter presque ni rien retrancher, je ramène l'ordre dans la république, et j'en bannis le désordre, en voulant que ceux qui ont part à ses libéralités servent dans les armées, jugent dans les tribunaux, fassent tout ce qu'ils pourront, suivant que le permettra leur âge, ou que la circonstance l'exigera.

finit en formant des vœux pour l'honneur et la pro-
son pays.

Je n'ai jamais dit qu'il fallût distribuer à ceux qui ne font rien pour la patrie le salaire de ceux qui la servent, ni que vous dussiez vous abandonner à l'inaction et à l'indolence, toujours irrésolus, vous demandant si tel ou tel chef de troupes étrangères a remporté pour vous quelque avantage : car voilà aujourd'hui tout ce que vous faites. Ce n'est pas que je blâme ceux qui font pour vous une partie de ce que vous devez faire ; mais, sans doute, des Athéniens doivent remplir pour eux-mêmes les fonctions dont ils honorent les autres, et ne pas abandonner la réputation de bravoure que leurs ancêtres leur ont acquise par des périls si nombreux, si grands et si remarquables. Je vous ai donné à peu près les avis que je crois les meilleurs : puissiez-vous embrasser le parti que demande l'intérêt de la république et celui de tous les citoyens !

FIN.